やおいかん 熊本地震

《復興への道標》

Iwanaga Yoshito

岩永芳人

◉弦書房

装丁＝毛利一枝

〈カバー表写真〉
牛を放牧している赤水牧野（阿蘇市）
〈カバー裏写真〉
仮設団地で三匹の猫と暮らす（熊本市）
〈表紙〉
震災後、近所の住民を支えた湧き水
（写真は読売新聞西部本社提供）
〈本扉絵〉
岩永菜奈

目次

【震災を越えてゆく】

Ⅱ 復興への道標

はじめに

　熊本県は二〇一六年四月一四日と一六日、震度七の地震に連続して襲われ、五〇人が亡くなりました。震災関連死を含めると犠牲者は二七〇人以上にのぼります。最も被害の大きかった益城《ましき》町ではほとんどの住宅が損壊しました。無傷だった住家は二％に過ぎません。

　私は地震後、折に触れて「熊本で仕事をしたい」と口にしていました。希望がかない、その年の九月一日付で、福岡市の読売新聞西部本社から熊本に異動になりました。編集委員として地震の連載を書くためです。

　まず、益城町に通いました。狭い路地のずっと先の方までつぶれた家が続いていました。壊れた家のひとつひとつにそれぞれの家族の暮らしがあったはずです。現実であることをすぐには納得しがたい光景でした。余震が続いていて、揺れていないのに揺れているとしばしば錯覚しました。地震を夢に見るようになったのもその頃からです。

　この本は、二〇一六年一〇月から一八年五月まで読売新聞西部本社版に一二五回にわたって連載された「やおいかん　熊本地震」を収録しています。「やおいかん」は「たいへんだ」、「簡単ではない」という意味の熊本などで使われる方言です。書籍化にあたり最小限の修正をしました。取材を通して考えたこと、将来の災害に少しでも役立ちそうなことなどを短くまとめ、第二部として追加しています。

取材では、倒壊した畜舎の下から牛を助けた畜産農家を阿蘇に訪ねました。耳が聞こえない人たちからどんなに大変だったかを教えてもらい、明治にも起きていた熊本の地震がなぜ忘れられたかについて専門家の意見を聞きました。救急病院の奮闘や、全力を尽くしたにもかかわらず救助活動に悔いが残るという消防士たち、再開を目指す南阿蘇の温泉宿などについて書きました。熊本城の復興や被災者を励ました「くまモン」のことも取り上げています。

熊本地震では、自治体が開設した避難所で、最も多い時には一八万三八八二人が過ごしました。避難所以外の公園や施設に逃げたり、車中泊をしたりした人たちはその何倍にもなります。それぞれが生涯忘れられないであろうその人だけの経験をしたはずです。

熊本地震という大きな出来事において、一人の被災者の体験はいわば「点」です。その体験をできるだけ詳しく聞き、分かりやすく読者に伝えることを繰り返せば、「点」が増えていきます。点と点を結べば線になり、線が集まれば地震という巨大な像の姿がぼんやりとでも浮かび上がるかもしれない。熊本で仕事をしながら頭の隅でそんな風に考えていました。

取材で話を聞いた人のほとんどが「地震が起きるとは思っていなかった」と口にしました。起こるかもしれないし、起こらないかもしれない災害に真剣に備えておくのは難しい。我が身を振り返ってもそう感じます。これからも必ずどこかで起こる地震を自分のこととして考えるきっかけにこの本がなるなら、記者としてそれに勝る喜びはありません。

本書に掲載した熊本県内の主な市町村名

I

なにが起き、どう行動したのか

震災直後の混乱

1　聴覚障害者と支援

「聞こえない僕たちにとって
光は特別の意味を持つ」

■暗闇に浮かぶ光

熊本の人たちは地震で、水や食料、安全に眠る場所の確保に苦しんだ。障害者にとってそれはいっそう難しく、厳しいことだった。

熊本県立熊本聾《ろう》学校の手話落語部は二〇一六年九月、鳥取県倉吉市で開かれた「第三回全国高校生手話パフォーマンス甲子園」で優勝した。同部の四人が、熊本地震で感じた不安や恐怖、助けてくれた人たちへの感謝を手話と演技で表現し、参加六五校のうち最高の評価を得た。

その舞台で、スポットライトを最初に浴びたのは徳永強君（一七）だった。前震が起きた時、徳永君は学校の寄宿舎で机の下に潜り、机の脚を握って激しい揺れに耐えた。その状況を、両手を強く握り、体を大きく上下させる演技と手話で観客に伝えた。

山口翔君（一七）は本震で、自宅から外に逃げた時に体験した暗闇の怖さを表現した。闇の中では手話が使えず、意思の疎通ができない。何が起きているのか分からず、不安が募った。そこに一つの明かりがともった。近所の人の携帯電話だった。ホタルのように揺らぐ小さな光が数を増すにつれ、恐怖は薄らいでいった。「聞こえない僕たちにとって光は特別の意味を持つ」と訴えた。

聴覚障害者が言葉を完璧に発音するのは難しい。被災者のための募金活動に参加した坪井誠君（一七）は勇気を振り絞り、今まで出したことのない大きな声を上げた。「お願いします！」。大会の舞台でも、同じ言葉を同じような大きな声で観客に届けた。

中村美南海《みなみ》さん（一六）は六歳で天草の親元を離れ、熊本市の児童福祉施設で生活している。大好きな家族と一緒に住めないことがつらく、父親に反抗したこともあった。

漁業をしている父親は本震の後、「娘を助けに行く」と家族の反対を押し切って夜の海に船を出し、車に乗り換えて迎えに来た。「愛されている」と感じ、感謝が胸にあふれた。演じながらその気持ちがよみがえり、涙が流れた。

彼らの優勝は地元のテレビや新聞に大きく取り上げられた。聴覚障害者の団体などが主催したイベントにも招かれ、見た人たちを感動させた。中村さんは反響に驚きながら、こう考えた。「優勝して、熊本聾学校やろう者、手話に関心が集まった。これからもその関心を持ち続けてほしい」

四人の舞台は、手話と演技がひとつに溶け合い、独自の緊張感と力強さを生む。

写真撮影のため、演技を学校で再現してもらった。四人はその合間に手話で冗談を交わし、楽しそうだった。顧問の飯銅《はんどう》啓子先生（五五）は「みんな手話落語部だからよく笑うんです」と目を細めた。

徳永強君の父親は前震の翌日、鹿児島市から車で、学校の寄宿舎に徳永君を迎えに来た。二人は耳が聞こえず、手話で考えを伝え合う。父親は、「無事で良かった」と喜んだ後、「今回の地震のような大きな災害がまた起きたら、自分で考え、自分の力で行動することが大切だ」と徳永君に教えた。

坪井誠君は、避難所で家族と数日を過ごした。水や食べ物の提供に関する情報がマイクの音声だけで知らされることに困惑した。トイレの場所もすぐには分からなかった。「文字でも知らせてほしい。耳が聞こえる人にも役立つはず」と提案した。

山口翔君は、卒業した小学校で食事の配布などのボランティアをした。元同級生たちと一緒だった。彼らは以前、山口君の難聴をからかったことがあった。協力して働き、昔の話をするうち、わだかまりが消えた気がした。

東日本大震災が起きた時、小学四年生だった中村美南海さんは「被災地の子供たちは勉強しなくてもいいんだな。羨ましい」と考えてしまった。熊本聾学校は地震の後、一か月近く休校した。

休校した学校の再開を喜ぶシーンを再現する（左から）山口翔君、徳永強君、中村美南海さん、坪井誠君（熊本聾学校で）＝浦上太介撮影

勉強したくてもできないつらさが身にしみた。学校に提出した作文に、「間違っていたことに気づきました。震災被害者の皆さんに謝りたい」と書いた。地震の体験が四人を成長させた。

熊本聾学校には寄宿舎がある。前震が起きた夜、小学部から高等部までの児童、生徒計一五人が食堂で自習していた。

高等部一年だった雪田桃乃さん（一六）は大きな揺れを感じてすぐ、机の下にもぐった。明かりが消え、補聴器を通してガラスが割れる音が聞こえた。寄宿舎指導員の大橋文恵さん（四二）も机の下に隠れ、近くにいた生徒を抱き寄せた。

揺れが収まってから運動場に出た。真っ暗で、手話が使えなかった。指導員が運動場に車を動かし、ライトをつけた。生徒らはせきを切ったように互いの表情を確かめ、何が起こったのかを手話で語り合った。

大橋さんは「とにかく冷静でいなくては」と自分に言い聞かせた。新年度から寄宿舎の生活を始めたばかりの小学部の男の子が泣いていた。同じ指導員の野田真理子さん（三九）は、その子に寄り添い、「大丈夫だよ」と言って体をさすった。

野田さんは、まだ幼い二人の子供を家に残していた。「帰った方がいいだろうか」と少し迷ったが、「家のことは家族に任せて生徒たちの安全だけを考えよう」と思い直した。

「熊本市動植物園からライオンが逃げた」という情報がネットに流れた。動植物園は、学校のすぐ近くにある。野田さんは最初冗談だと思ったが、「本当だったら子供たちを守れない」と恐ろしくなり、全員を車に乗せた。

生徒らは、学校の敷地内にある校長宿舎で朝を迎えた。寄宿舎の調理員がおにぎりを作ってくれた。高等部の雪田さんは「おにぎりの温かさを手のひらに感じてうれしかった」と振り返った。

副校長の市原留美子さん（五二）は、ライオン逃亡がうそだったと知り、強い怒りを覚えた。

前震の翌日、熊本聾学校の保護者が早朝から次々と、子供たちを迎えに来た。最後の生徒を親に引き渡したのは午後三時半ごろ。寄宿舎指導員の大橋文恵さんは、ほっとして全身の力が抜けるようだった。

大橋さんも、自宅にいる小さい子供が心配だった。生徒らがいなくなった寄宿舎で、割れた窓ガラスなどを片づけていると、同僚が何度も「帰っていいよ」と声を掛けてくれた。「地震は恐ろしい経験だったけど、本当の人の優しさに触れることができた」と話した。

同じく指導員の菅《すが》聡美さん（四三）は「幸運が重なった」と受け止めた。寄宿舎は、地震の前日に避難訓練をしたばかり。指導員の当直は通常二人だが、前震の発生時には別に三人がたまたま残業していた。生徒ら全員が食堂にいて、安否がすぐに確認できた。東日本大震災後に購入した備蓄用の水やビスケット、ヘルメットや簡易トイレも役に立った。

児童、生徒にけがはなかったが、五人の自宅が半壊した。学校は、地震が生徒らの気持ちに与えた影響を探った。「つらかったことが頭を離れない」「一人になるのが怖い」「家族が津波に呑《の》みこまれる夢を見る」――。

精神的な負担をやわらげようと、手話ができるカウンセラーを招いた。体験を作文に書かせ、前向きな気持ちを持たせようと試みた。中島徹校長（五七）は「人は、見るだけではなく、言葉で状況を理解し、行動する。音声の言葉が分からない子供たちの不安は強かった」と指摘した。

学校は、被災の状況や再開に向けた動きをホームページに掲載した。それを見た全国の特別支援学校などから応援のメッセージが届いた。中島校長は「気持ちが弱くなりそうな時に本当にありがたかった」と振り返った。

熊本市東区に住む画家の乗富《のりとみ》秀人さん（四七）は前震後、熊本聾学校に家族三人で向かった。乗富さんと妻（四四）、同校に通う長男（一四）は生まれた時から耳が聞こえない。全員がろう者の家族を「デフ（ろう者）ファミリー」と言う。メールと筆談で取材した乗富さんに教わった。

三人は、他の生徒や指導員らと一緒に熊本聾学校に隣接する高校の体育館に移った。多くの住民がすでに集まっていた。指導員はホワイトボードを借り、「私たちは耳が聞こえません。情報があったら教えてください」と書いた。乗富さんは「先生たちは、ろう者の存在を知ってもらおうと一生懸命でした。生涯忘れないと思います」と感謝した。

乗富さんの家族は約一週間、車に寝泊まりした。最初に行ったスーパーマーケットの駐車場は夜になると、警察官や自衛隊員が見回りに来た。そのたびに起きて、新しい情報がないか筆談で確かめた。

避難所になっていた高校では、水や食べ物の提供がマイクを通じて告知された。乗富さんは、周囲の人たちの動きに気を配り、後をついて行って提供を受けた。耳が聞こえないことを担当者に一応は伝えたが、配慮する余裕はないようだった。東京や北海道の友人がメールで、風呂に入れる場所など熊本の生活情報を教えてくれた。

画家である乗富さんの絵は、「音のない世界は幸せなこと」をテーマの一つにしている。「目で見て判断するのは、耳で聞いて判断するより安心や幸福につながる」と考えている。「だから地震の時、聞こえないことで怖いとはあまり感じなかった。不便だなあと思ったくらい」。筆談したファミリーレストランのテーブルで、乗富さんはノートにそうつづった。

熊本聾学校の幼稚部講師で、聴覚に障害がある野田尚子さん（四九）は本震の夜、熊本市の自宅前の路上で、毛布にくるまって朝まで過ごした。繰り返し大きな余震があった。怖くて手が震え、スマートフォンの操作がうまくできなかった。一緒にいた近所の人たちが筆談で状況を教えてくれた。

約二週間、避難所やスーパーの駐車場などで車中泊した。猫を飼っていたので、避難所の建物の中で寝ることはできなかった。

最初に避難した学校では、食料提供の情報が放送でしか告知されなかった。遅れて行くと、「もうない」と知らされた。区役所に回り、人の長い列を見つけた。期待して担当者に筆談で尋ねたが、食べ物ではなく水の配給だった。結局、避難所では一度も、食料を受け取ることができなかった。

「聞こえないというのは分かりにくい障害。見た目には普通の人と変わらないから」と野田さんは手話で言った。「情報が入りにくく、意思の疎通が難しい。そのことにさみしさを感じているというのもなかなか伝わらない。地震の時、もっと筆談したかったんですが、遠慮してしまった」

野田さんは長く会社員をした後、四一歳で先生になった。手話による絵本の読み聞かせのボランティアに参加し、子供たちが手話でけんかするのを見たのがきっかけだった。

野田さんの学生時代、手話は、人の口の動きを読み取って言葉を理解する「口話」の習得の妨げになるとされていた。今の子供たちが堂々と手話でやりとりしていることに新鮮な驚きを感じ、短大に通って幼児教育の免許を取った。

取材で手話通訳を頼んだ中学部教諭の吉本恭子さん（五六）は野田さんについて、「耳の聞こえない子供たちの気持ちを一番理解できる。学校にとって本当に大事な存在です」と話した。

■二人でも三人でも人間だ

聴覚障害者には防災無線の放送が届かない。避難所がどこにあるかも伝わらなかった。なんとか避難所にたどり着いても、さまざまな情報はやはり音声で告知された。避難をあきらめ、やむをえず自宅で過ごしたり、車中泊したりした人も多かった。

熊本県ろう者福祉協会常務理事で、自身も聴覚に障害がある松永朗さん（七九）は前震の翌日から、熊本市や益城町などの避難所を手話通訳と一緒に回った。「耳の聞こえない人はいますか？」というホワイトボードを掲げて聴覚障害者を探し、貼り紙による情報提供を担当者に依頼した。

応じてくれる所があった一方で、ある避難所では、「二、三人のための対応はできない」と断られた。松永さんは聞こえないが、話せる。怒りがこみ上げて思わず、「二、三人でも人間だ」と訴えた。

松永さんは七歳の時、高熱が続き、処方された抗生物質ストレプトマイシンの副作用で耳が聞こえなくなった。熊本聾学校で洋服の仕立てを学び、福岡県大牟田市などで働いた。

同協会などは地震後、県内の二六七人の聴覚障害者を対象にアンケートした。行政への希望は「避難所のアナウンス（の情報）が分かるようにしてほしい」が最も多く、回答者の八割が希望した。自由回答には、「聞こえない者は情報が入らなくても仕方がないと思っているのかと愕然《がくぜん》とした」、「差別を感じた」という意見があった。

聴覚障害者への理解はそれでも、「少しずつ進んでいる」と松永さんは感じている。運転免許が取れるようになり、手話を学ぶ人も増えた。メールなど多様な通信手段を利用できるようにもなった。「熊本地震を、理解を深めるきっかけにしたい。ピンチをチャンスに変える発想で」と笑顔で話した。

川北哲司《てつじ》さん（六五）の西原村の自宅は本震で全壊した。

一階にいた妻のいそみさん（五七）が壊れた家に閉じこめられた。川北さん夫妻は耳が聞こえない。家の外からいそみさんに呼びかけたとしても、返事は期待できなかった。

二人の息子が車を動かし、ライトを家に向けた。不安が募った。五分ぐらいは待っただろうか。壊れた家の隙間からいそみさんが顔を出した。腕に軽いけがをしていたが、無事だった。

いそみさんは暗闇の中で、助けを信じて待っていたという。携帯電話を探したが、見つからなかった。繰り返し襲う余震が恐ろしかった。車のライトで周りが見えるようになり、倒れた柱の先に隙間があるのに気づいた。命を救ってくれた光だった。「息子たちがいて本当によかった」と感謝した。

川北さんは一歳の時に高熱を出し、抗生物質の副作用で耳が聞こえなくなった。熊本聾学校で理容を学び、神戸市で修業した後、三年前まで村で理容店を営んでいた。

地震後の車中泊では、いそみさんに、脚が腫れるなどエコノミークラス症候群の症状が出て心配した。村の仮設団地に家族四人で入居できたのは七月だった。

いそみさんと息子たちは働いていて、川北さんは昼間、一人で過ごす。仮設団地の掲示板で毎日、ボランティアや催しの情報を確認する。近所の人たちも親切にしてくれ、不便は感じないという。「2DKで狭いのが困るぐらい」と笑った。

ただ、罹災《りさい》証明や家の解体の手続きには苦労した。熊本県の手話通訳派遣制度を利用したが、通訳が派遣されるまで時間がかかった。「一日のうち短時間でも、役所や銀行に手話通訳が常駐してくれたらありがたい」と希望した。

熊本県聴覚障害者情報提供センター（熊本市東区）には本震後、避難所で孤立し、途方にくれた聴覚障害者が訪ねて来た。センターでは、他の聴覚障害者や職員と手話ができる。胸にためた思いをぶつけるように激しく手を動かし、涙を流す人がいた。

彼らの多くは駐車場にとめた車で眠った。小野康二所長（六八）は、「センターは、福祉避難所に指定されておらず、避難してきた障害者の宿泊は想定していなかった」と振り返った。貯水タンクが壊れ、トイレも使えなくなった。

熊本市は本震から五日後、センターが入る施設を福祉避難所に急きょ指定した。障害者団体などから強い要望を受けた処置だった。水は、自衛隊などの給水でまかなった。シャワー付きのトイレカーも到着した。

宿泊する人たちのために、布団を並べて敷き、間を段ボールで仕切った。仕切りにはわざと隙間を作った。聴覚に障害がある人たちは、隣の人の顔が見えた方がストレスが少なかった。センターには五月末の避難所閉鎖まで、一三人が宿泊した。小野所長は「避難所になったという情報があまり伝わらなかった」と反省点を挙げた。

一方、センターが以前から行っていた「電話リレーサービス」の利用が急増した。聴覚障害者がセンターの担当者とテレビ電話で手話を交わし、担当者が電話をかけて要件を伝える仕組みだ。地震後、新しい使い方が加わった。電話を仲介するだけでなく、聴覚障害者と、そのそばにいる健聴者をテレビ電話に映し、聴覚障害者の手話を担当者が通訳した。

テレビ電話ができるタブレット端末さえあれば、聴覚障害者はどこにいても健聴者と話ができた。「壊れた家の修理で業者との打ち合わせが簡単だった」などと喜ばれた。熊本県は二〇一七年度から、「遠隔手話通訳サービス」を正式な事業として取り組んでいる。

「福祉避難所」は、一般の避難所に行くことが難しい高齢者や障害者を受け入れることが想定されている。しかし、熊本地震では、施設の被災や介護職員の不足などで十分な役割が果たせなかった。開設された福祉避難所はピーク時で一三市町村に計一〇一施設。避難は八二三人にとどまった。

最も大きな被害を受けた熊本県益城町は役場のプリンターが壊れ、パソコンに入力した要支援者の名簿が使えずに対応が遅れた。県が昨夏に実施した調査には、「大規模災害となれば、町民すべてが被災し、(高齢者らを)支援する人がいません。人的支援を要望します」と回答した。
他の自治体もさまざまな課題を挙げた。「支援が必要な人たちの把握が十分でなかった」「福祉避難所の周知が不足していた」「要支援者の移送などについて具体的な協議ができていなかった」——。

避難所では誰もが、狭い空間で不自由な生活を強いられる。熊本県ろう者福祉協会の松永朗常務理事は、車いすの障害者が「寝ている人のそばを車いすで通れない」と避難所の利用をあきらめたという話を聞いた。意思の疎通ができないことから「避難所には行きたくない」という聴覚障害者も多かった。

聞こえない人たちからの取材は手話通訳に頼った。取材相手と通訳が楽しそうに手話を交わしていることがあった。二人が笑っていても手話が分からない私は蚊帳の外。ふだんと逆の立場になり、聴覚障害者が感じている不安を改めて考えた。

聴覚障害に限らず、障害がある人たちは生活していくなかでそれぞれ固有の困難に向かい合っている。彼らが置かれている状況に思いをはせ、適切に配慮すること。災害時にはいっそう、私たちの社会のその力が試される。

(二〇一七年五、六月)

2　断らない救急

「救急医の仕事はマニュアルがない。
やるべきことが目の前にある時にその状況でなんとかする」

■殺到するけが人

済生会熊本病院（熊本市南区近見）の医師川野雄一朗さん（三八）は、病院の仮眠室で本震に襲われた。すぐに、家にいる妻（三六）に携帯電話で連絡した。当時四歳の長男と二歳の長女、生まれたばかりの次男がいた。

「こっちは大丈夫」と妻が力強く言った。電話を切って集中治療室に急いだ。人工呼吸器をつけた患者らは、機器の不調が命にかかわる。九州電力の送電は止まったが、非常用発電機が動いていた。けが人もいなかった。

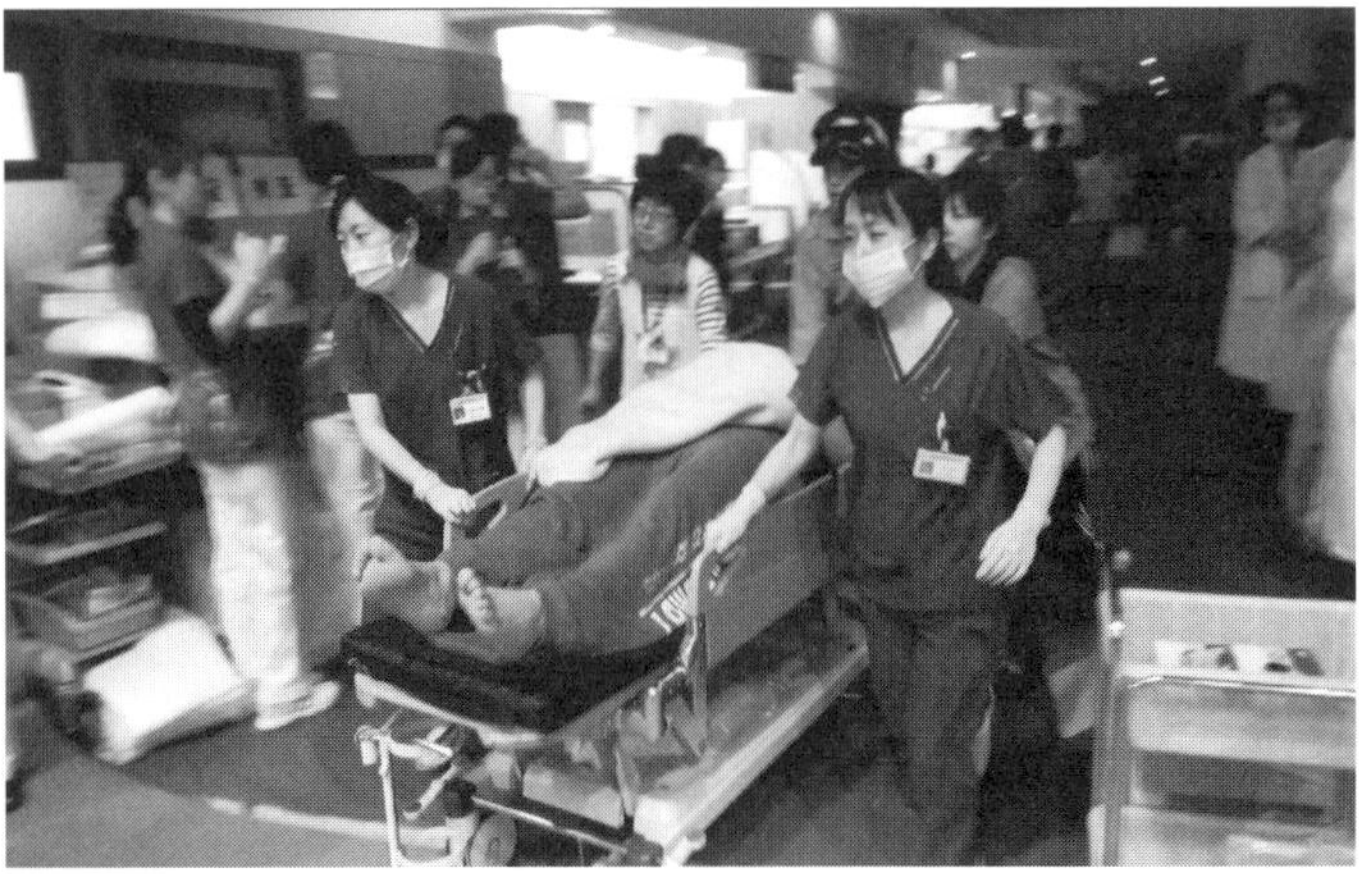

傷病者を搬送する看護師ら（2016 年 4 月 16 日午前 4 時過ぎ、済生会熊本病院提供）

多数の傷病者が押し寄せることはその時点で分かっていた。病院は二日前の前震でも、治療の優先度を見極めて治療にあたっていた。「トリアージ」と呼ばれる対応だ。

一階の受付ロビーに駆けつけると、すでに十数人のけが人が来ていた。妊娠した若い女性が頭から出血していた。誰もが強い不安と恐怖を感じていた。しかし、本当に命が危ない傷病者は遅れて病院に運ばれて来る。トリアージでは歩ける人は軽症とされる。軽症者がロビーにあふれると、重症者の治療が難しくなる。

態勢を早急に整える必要があった。川野さんが軽症者の治療を始めてしまえば、それが遅れる。苦しいが、待ってもらわなければならなかった。「大丈夫です。処置すれば大丈夫です」と励ました。

医師とスタッフが続々と集まって来た。ロビーの椅子や机を撤去し、ブルーシートを敷き、ベッドを

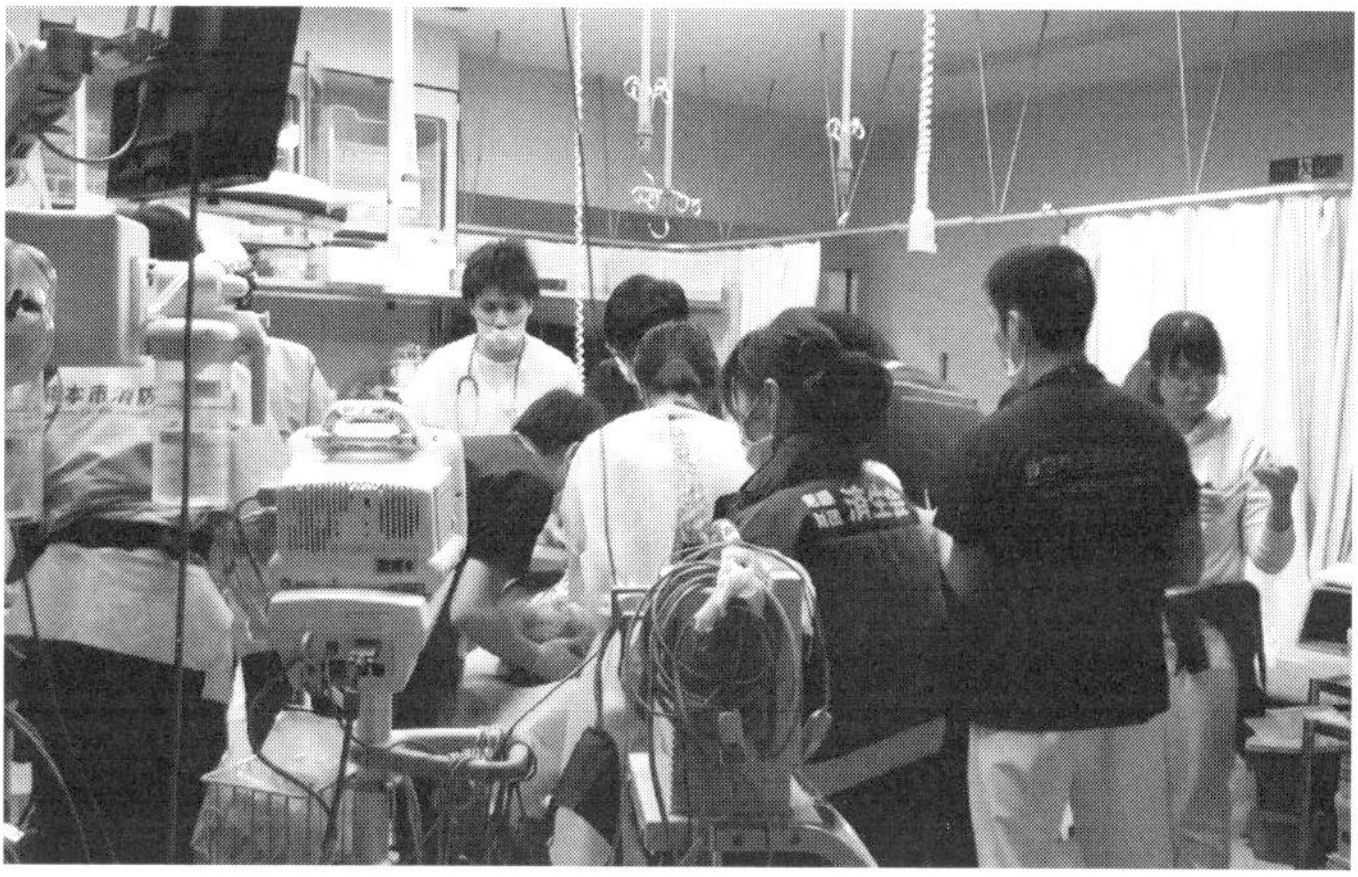

地震による傷病者が続々と運ばれて来たER室(2016年4月16日午前5時すぎ、済生会熊本病院提供)

並べ、治療器具を置いた。非常時は、重症者をロビー中央、軽症者はドア付近で治療すると事前に決まっていた。

川野さんは、来院する人たちのけがの程度を最初に判断した。その判断に従い、緑(軽症)と黄(中等症)、赤(重症)のタグを傷病者の手首に看護師がつけた。

けが人は絶え間なく来た。一人の判定にかけられる時間は数十秒しかない。

心肺停止の状態で運ばれて来た被災者がいた。蘇生措置をしても心臓が再び動きだす可能性は低かった。判定は「救命困難」の黒。川野さんは混乱している家族に「厳しいです」と短く話した。詳しい説明は中にいる他の医師らの仕事だった。

人工呼吸器の患者を停電した自宅から家族が運んできた。「バッテリーが切れると呼吸が止まってしまう」と家族は必死に訴えた。病院の電気をすぐに使ってもらった。

この日、病院が受け入れた救急患者は三二一人。このうち六五人が入院した。

熊本地震では、熊本市民病院など多くの医療機関が診療停止に追い込まれた。済生会熊本病院も被災したが、医師や看護師らスタッフは懸命に医療を続けた。同病院は、地域に貢献する病院を目指し、「断らない救急」を掲げる。その真価を試される日々が始まった。

救命救急外来の看護師井浦弥生さん（四二）は本震後、熊本市中央区の自宅から車で病院に駆けつけた。前震で徹夜し、数時間しか寝ていなかった。

救急患者を治療するＥＲ室のベッドは、家屋の下敷きになった人や、揺れのストレスで心不全を起こした患者らですぐに埋まった。傷の縫合や緊急手術が行われた。井浦さんは、他の看護師らに仕事を指示し、入院する患者のベッドの確保など他の部署との連絡に追われた。

午前二時過ぎ、麻薬室のドアが開かないのに薬剤部の一人が気づいた。薬剤部は、薬の提供に全責任を負う。多数の傷病者の治療が必要な時に、「麻薬は使えません」とは言えなかった。

薬剤師の田中忠宏さん（四四）がガラス窓にスパナをたたきつけた。ためらいはなかった。若い部員が窓から中に入ると、倒れた棚がドアをふさいでいた。

来院患者の中には治療が終わっても、「家が壊れ、帰る所がない」と訴える人がいた。避難所になった近くの小学校などの場所を事務のスタッフが教えた。

本震当日、当直以外の医師や看護師、事務スタッフら約六〇〇人が自主参集した。多くが病院に泊まり込んだ。病院の駐車場に家族を車中泊させた職員もいた。

看護師の山王沙綾さん（三二）は熊本県山鹿市の祖母の家に避難し、本震の翌日から通勤した。病院の保育室が受け入れを休まず、三歳と一歳だった二人の子供を普段通りに預けられた。「病院の安全な建物に子供が一緒にいることで安心して働けた」と振り返った。

職員のうち二三人の自宅が「全壊または居住困難」になった。そのほかの職員もほとんどが地震で何らかの被害を受けた。病院で働く人たちも被災者だった。

済生会熊本病院のトリアージブース（応急救護所）は本震直後、受付ロビーに開設され、一〇〇人以上の医師や看護師らが活動した。救命救急センター長、前原潤一さん（五九）はロビー全体が見渡せる二階の通路に立ち、続々とやって来る傷病者の治療が停滞しないよう、ハンドマイクで指示を出し続けた。

傷病者の来院には波があった。地震後の数時間が最も多いことは想定していたが、いったん減りながら再びどっと増える状況が繰り返された。そのたびに、スタッフと治療機器を増減して対応した。

ロビーは、通常業務ができる状態に早く戻さなければならなかった。患者の波がその時期の決定を難しくした。ブースの完全撤収は本震から四日後だった。

救急医の仕事にはマニュアルがない。救急車で運ばれてくる急病人や負傷者に最善の治療をその場で選択しなければならない。「災害の医療もその延長線上にある」と前原さんは言った。

トリアージブースで活動する前原さん
（2016年4月19日、済生会熊本病院提供）

「やるべきことが目の前にある時にその状況でなんとかする。完璧な治療はありえず、反省点が必ず出てくる。ただ、少なくとも及第点の治療をしなければいけない」。熊本地震における医療の自己採点を尋ねると、笑いながら、「ぎりぎりの及第ではなくて、まあまあの及第」と話した。

阪神大震災が起きた一九九五年は、大阪府の千里救命救急センターで働いていた。被災地に出動し、治療にあたったが、行政からの指示はなく、独自の判断だった。

阪神大震災の後、災害派遣医療チーム（ＤＭＡＴ＝ディーマット）を全国から被災地に派遣したり、患者を広域搬送したりする態勢が整った。熊本地震では、どちらも有効に機能した。前原さんは、「南海トラフ地震や首都直下型地震が起きれば、被害の程度は桁が違う。熊本の経験を生かす努力がさらに必要」と強調した。

済生会熊本病院のＤＭＡＴは前震後、熊本県益城《ましき》町の被災地に出動した。与えられた指示は、倒壊家屋に閉じこめられた人の救命だった。医師の村田真紀さん（四二）ら五人は現場の約一〇〇メートル手前で車を止め、道路に散乱するがれきの上を歩いた。

道路脇の家の前で住民が毛布にくるまり、ロウソクをともしていた。どこからか漏れてくるガスの臭いに気づいていた看護師の南和恵さん（三六）は「引火するのでは」と不安になった。

現場の方から、女性の声が聞こえてきた。家は二階が落ち、一階がつぶれていた。規制線の前に人が集まっていて、二人の若い女性が「お母さん」と叫び、「まだですか」と消防隊に声を上げていた。二人の母親が閉じこめられていた。

村田さんらは自分たちがＤＭＡＴであることを説明し、母親の救出に備えた。体の一部が長時間圧迫された時に起きるクラッシュ症候群が懸念された。体が少しでも外に出たら輸液をさせてくれるよう消防隊に頼んだ。

一時間以上が過ぎ、村田さんが呼ばれた。家に入ると、年配の女性の半身だけが見えた。亡くなっていることはすぐに分かった。脈をとり、死亡を確認した。

戻って、待っていた家族らに状況を説明した。娘たちは泣き崩れ、「なんとか助けてほしい」、「なぜ病院に運んでくれないのか」と訴えた。

看護師の南さんはその言葉が胸に刺さるようだった。できることなら救命活動をしたかった。「私たちも同じ思いで救助を待っていました。本当に残念です」と家族に話した。納得してもらえるはずはなかったが、家族の悲しみを看護師として受け止めようと思った。

次の現場に向かわなければならなかった。家族らが、家屋に入るのを見届けて現場を離れた。

背後から、大きな泣き声が南さんらに届いた。

■医療継続の苦闘

腎臓科部長副島一晃さん（五七）は本震後、半壊したマンションから病院まで約七・五キロを歩いた。車で行くより徒歩の方が確実に着けると判断した。

済生会では当時、約一二〇人が週三回の透析を受けていた。彼らが仮に一週間透析できなければ、命にかかわる。

幸い、透析に必要な機器に被害はほとんどなかった。問題は水だった。透析は、患者の血液をいったん外に出し、老廃物を取り除いて戻す過程で大量の水を使う。標準的な四時間の透析で一二〇リットル。一日八〇人なら一〇トン弱の水がいる。

済生会は、地下水を浄化して透析に使っている。二個のタンクのうち一個は地震で亀裂ができ、水が流出した。もう一個もヒビが入り、水がにじみ出ていた。

余震が続いていた。町田二郎副院長（六〇）が医師や看護師らに状況を説明した。「もう一つのタンクもかなり危ない。これが損壊すると、まったく透析ができなくなる」

市内の大規模病院のほとんどが断水などで透析できないことが分かってきた。副島さんは不眠不休で透析にあたる覚悟を決め、患者の受け入れが可能であることを他の病院に連絡した。

患者はその日も朝から病院に来た。透析は一律二時間に短縮した。済生会の元々の患者五四人に加え、他の病院の九〇人に透析した。前震の翌日から一一日間に受け入れた他の病院の透析患者は延べ二二三人に上った。

副島さんは地震後の病院の透析がうまくいったのは「結果論でしかない」と指摘した。治療機器も、水の配管も破損せず、ヒビが入ったタンクも余震に耐えた。くみ上げる地下水が地震で濁ることもなかった。熊本県南部や北部の大規模病院が透析を続け、済生会に患者が集中しなかったのも幸運だった。済生会の透析ができなくなっていたら、「患者を他の病院に移送するのに相当苦労したはず」と話した。

済生会熊本病院の外来がん治療センターには、脳腫瘍などを放射線で治療するガンマナイフという機器がある。ガンマナイフが内蔵するコバルト60は、遮蔽《しゃへい》なしに接触すると数分から一時間で死に至るとされる。

本震直後に自宅から病院に駆けつけた診療放射線技師の上口《かみぐち》秋彦さん（四〇）は放射線の測定器を取りに走った。ガンマナイフ室に入るための暗証番号は上口さんら数人しか知らなかった。万が一にも放射線が漏れていれば大変なことになる。コバルト60は厚い金属で厳重に覆われていて、機器の安全性は高いはずだった。前震では何の問題もなかった。ただ、体に感じた本震の揺れは前震と比較にならなかった。

測定器をガンマナイフに向けた。通常と変わらぬ数値だった。緊張が一気にほどけた。念のため、外来がん治療センターの立ち入りが禁止された。解除される朝までの間、他の放射線技師らが数値の確認を繰り返した。

　上口さんの次の仕事は患者の搬送だった。病院にはけが人が続々とやって来た。機能を停止した他の病院の入院患者も運ばれてきた。済生会のエレベーターは余震で使えなくなっていた。患者を載せた担架を六人一組で担ぎ、階段を上った。

　呼吸がすぐに荒くなった。階段の踊り場での方向転換が特につらかった。患者に付き添う看護師は階段を上るだけで息が上がっていた。搬送先が三階と聞くと控えめに喜び、六階だと気合を入れ直した。

　意識のある患者の多くが「申し訳ない」と口にした。体力的に厳しい作業だったが、従事した約二〇人のスタッフの士気は高かった。

　上口さんは「みんながやるべきことをやった」と振り返った。その場では少しも感じなかった筋肉の痛みは翌日にやって来た。

　済生会熊本病院の予防医療センターには本震直後から、近隣の住民が集まってきた。一人の男性が「開けてくれ」と大声を上げた。声に気づいた職員がすぐにドアを開けた。

　センターの業務管理室長、田川貴浩さん（四二）は本震発生の約一五分後に車で病院に来た。多くの人がすでに建物の中にいた。その数はどんどん増えていった。

「停電で外は暗く、まだ寒かった。避難者の受け入れに迷いはなかった。ただ、どこまで膨れあがるのか分かりませんでした」

廊下にいる人たちは膝を抱えて座り、体を縮めて身を寄せた。余震があるたび、不安そうな声があちこちで上がった。田川さんら職員は「この建物は倒れません」と繰り返し説明した。

子供がいる家族と高齢者は、横になれる空間をなんとか確保できるセミナー室に移動してもらうことにした。室内に先に入っていた人たちに交代するようお願いした。苦情はほとんど出なかった。

避難してきた住民は最終的に約一七〇人になった。空が明るくなる頃、近くの小中学校に移るよう呼びかけた。渋る人には、「病院の電気や水は治療に優先して使わなければいけない」と説得した。

年に一度の災害訓練では、病院に対して住民が不満を訴える場面を想定し、対応を考えていた。現実には、住民たちは互いに譲り合い、病院が困るようなトラブルは起きなかった。「こういう時に人は協力できるものなんだな」と田川さんは思った。

本震の翌日には、エコノミークラス症候群の患者が六人運ばれてきた。全員が車中泊をしていた。目を覚まし、歩き始めた時に発症していた。

次の日も四人の患者が来た。エコノミークラス症候群は、固まった血液が肺の血管を詰まらせる病気だ。済生会の肺塞栓《はいそくせん》の患者は前年に二七人だったのに、二日間で計一〇人。明らかに異常な事態だった。

熊本地震は、エコノミークラス症候群を発症しやすい条件がそろっていた。

多くの人たちが断水でトイレを流せず、水を飲むのを我慢した。前震と本震はいずれも夜に発生し、睡眠不足の反動で長時間車に寝た。車で過ごすのに適した気候で、ガソリンの供給もほぼ順調だった。

病院は広く注意を促すために記者会見を開いた。「他の病院の状況が分からないなかで熊本を代表する形で会見していいのか」という懸念はあったが、副院長だった中尾浩一さん（五七）が「今やらなければ意味がない」と決断した。

会見は多くのメディアが報道した。政府も啓発を始め、患者はその後急減した。

本震時に当直で、トリアージにあたった医師の川野さんは、「自分の家族に何かあっていたら、どう行動していただろうか」と今でも考えるという。落ち着いて仕事ができたのは家族の無事が電話で確認できたからだった。

川野さんは言葉を選びながら言った。「もし何か起こったら家族を優先すると思う。幸い、今回はそうでなかった」。

熊本の医療者は、自ら被災し、家族の安全確保に悩みながら、けがをした人たちや病人の治療を続けた。

（二〇一七年九月）

＊

済生会熊本病院　一九三五年（昭和一〇年）創立。医師一九二人、看護師七一三人ら計一六〇四人が脳や心臓、消化器など１０の診療センターで働く。病床数四〇〇。救急医療を重視し、二四時間体制で患者を受け入れている。本震時は、医師とスタッフが自主的に参集し、九二二人が対応にあたった。

3　牛と生きる

「全部なくなったけど、
命があればどうにかなるけんですね」

■閉じこめられた牛たち

阿蘇の二〇一六年はひどい災害の年だった。四月の熊本地震の後、六月の豪雨、一〇月の阿蘇山の爆発的噴火が追い打ちをかけた。

阿蘇は畜産が盛んだ。地震は牛や牛舎だけでなく、牧野や牧道にも被害を与えた。豪雨は、牧野の崩壊を拡大し、噴火は、牧草に火山灰を降らせた。

本震が起きた四月一六日未明、阿蘇の畜産農家小坂今朝《けさ》和《かず》さん（六五）は、前震の被害の後片付けに疲れ、こたつで寝ていた。すさまじい揺れだった。「カクテルをつくるシェーカー、あれの

倒壊した牛舎から助けた牛をなでる小坂さん（熊本県阿蘇市で）＝久保敏郎撮影

中に入っとるごたったです」と言った。

バリンバリンとガラスが割れた。タンスが倒れ、小坂さんの足を激しく打った。痛みをこらえ、別の部屋にいた母親（八九）を外に連れ出した。暗闇のなかで余震が続いていた。外輪山の方角からゴウゴウという地響きが何度も聞こえた。山肌が崩壊し、土砂が滑り落ちる音だった。

家の敷地にある牛舎もつぶれていた。牛の鳴き声がした。七頭の子牛が中にいた。小坂さんは「助けんといかん」と思った。

明るくなるのを待ち、傾いた板壁に穴を開けた。牛舎の二階には五〇トンを超える干し草を積んでいた。落ちてきた大量の干し草や屋根を餌箱や柵などが支えていた。わずかな隙間に牛が生きていた。懐中電灯に照らされた牛は意外に落ち着いているように見えた。

余震が続いていた。牛舎に入った時に舎屋の崩壊が進めば、小坂さんの命が危ない。板壁の穴から入り、行く手を防いでいた落ちた屋根の一部を切り、牛を外に引き出すための空間を作った。

七頭のうち自分の脚で立っていた三頭の救出は比較的簡単だった。二頭は横倒しになっていた。倒れた牛は反すうができず、腹にガスがたまってやがて死ぬ。時間の余裕はなかった。鼻輪に縄を結び、引きずり出した。

一頭は圧死していた。最後の一頭の子牛はごく狭い隙間で生きていた。落ちた梁《はり》が基礎のブロックにほんの数センチ載っているだけで、少し大きな余震が来れば、梁がずれて屋根が落ちる。妻や長男は「かわいそうだが、無理だ」と止めた。小坂さんは「屋根が落ちて死んだら自分の寿命」と覚悟した。

作業の手順を頭の中で何度も繰り返してから壁の穴から這《は》って入った。牛まで約四メートル。角《つの》に縄をしっかり締め、牛と柵をつなぐ綱を切り、後ろ向きに這い出た。二分はかからなかった。妻らと縄を引いて牛を引っ張り出した。大きなけがはしていないようだった。

出荷する直前の子牛で、五〇万円前後の値がつくはずだった。ただ、経済的な理由だけなら命がけで助けることはしない。「生きとるとばですね、見殺しにはでけんもんだけん」と小坂さんは言った。

家は壊れたが、家族七人は全員無事だった。牛の世話をする小坂さんは避難所には行けない。高齢の母親だけを避難所に移し、他の家族は車中泊を続けた。

平屋で八部屋もある大きな家だった。なんとか立っていた一番端の部屋と風呂場を解体せずに残し、秋からはそこで寝泊まりすることにした。残した部屋の東側は壁がなく、代わりにプラスチックの板を張って雨露をしのぐ。

牛の飼育を手伝う三男の拓也さん（二二）は残った家の隣にビニールハウスを建て、中にベニヤ板の家を作った。幅一・八メートル、奥行き二・七メートルのごく小さな家だが、寝るだけの広さはある。ハウスに家を入れたのは防寒対策だ。暖房は、一酸化炭素中毒にならないよう石油ファンヒーターを短時間だけ動かし、すぐにオイルヒーターに切り替える。

家族の食事は妻の美智子さん（五五）が屋外で作り、倉庫で食べる。寒風に吹かれながらの炊事はつらい。水道が凍り、米が研げない日もあった。風呂場の壁にも地震で亀裂が走っていて、冷たい空気が入って来る。小坂さんは「一日も早《はよ》う、新しい家で家族が一緒に暮らせるようにするのが自分の仕事」と心に決めている。

牛の畜産農家は、子牛を増やして売る繁殖農家と、子牛を購入し、成牛にする肥育農家に分かれる。小坂さんは繁殖農家。倒壊した畜舎から助けた六頭のうち三頭は出荷し、三頭は母牛候補として残した。

ところが、残したうちの一頭に発情の兆候がまだない。別の一頭は発情はしたが、種付けがうまくいかなかった。種付けができなければ、肉牛として出荷せざるをえない。小坂さんは「壊れた牛舎の下で生きとったのが不思議なぐらい。その時のストレスが関係しとるのかもしれない」

と心配する。

通常、牧野に草が少なくなる冬は牛舎に牛を移す。小坂さんは冬も牧野で育てる「周年放牧」をしている。ただ、臨月を迎えた母牛だけは、家に隣接する畜舎に移して子を産ませる。生まれた牛はそのまま畜舎で育てる。

震災後は、数頭の母牛が牧野で出産せざるをえなかった。誕生して数か月間、人の世話を受けなかった子牛は、生まれた時から牛舎で世話をした子牛に比べて人に慣れない。

小坂さんは倒壊した牛舎の代わりにビニールハウスで牛を飼っている。ハウスは牛舎より狭く、餌の置き場を十分に確保できない。夏は、気温が上がり過ぎ、牛の体調管理が難しかった。子牛の飼育で最も注意するのは下痢をさせないこと。体が大きくならず、競りの値が下がる。早く牛舎を再建し、「いい環境のもとで育ててやりたい」と願う。

熊本県などの調査では、阿蘇市では、七五棟の畜舎や堆肥舎が地震で破損した。牛舎の下敷きになるなどして死んだ肉用牛は阿蘇地区全体で少なくとも三一頭にのぼる。

小坂さんが牛を放牧する牧野も被害を受けた。斜面が二か所で大きく崩れ、亀裂ができ、地盤が沈下した。約二〇頭の牛たちは、崩壊した斜面の草を好んで食べていたが、本震の数日前、予防接種を受けさせようと別の区画に移していた。「移してなかったら、だいぶやられとったはず」と小坂さんは言った。

阿蘇市によると、地震で崩壊した市内の牧野は八二か所計六八ヘクタールにのぼる。阿蘇の広い草原は、春の野焼きと牛が草を食べることで維持されている。人の手が入らないと、ヤブから林、やがて森林に変わってしまう。

地震で崩壊した斜面は野焼きができない。作業道が通れなくなり、野焼きに先立って秋に実施する防火帯の整備（輪地切り《わちぎり》）を見送った牧野組合もある。公益財団法人「阿蘇グリーンストック」の調査では、阿蘇市と南阿蘇村で少なくとも計七〇〇ヘクタール、全体の四%にあたる牧野の野焼きが中止になる見込みという。

輪地切りは危険な作業だ。小坂さんの牧野では、トラクターで草を刈るが、ただでさえ急な斜面の草の下に穴や石が隠れている。ハンドルを取られればトラクターごと転落し、命を失う。

地震のあった年の輪地切りは「どこが陥没しているか分からん」と、小坂さんは安全確認に念を入れた。トラクターが妙な具合に傾いた気がして調べたら、草の下の地盤がえぐれていた。六月の豪雨で崩れたらしい。そのまま進んでいれば、間違いなく転倒していた。

一〇月には、阿蘇山が爆発的噴火を起こし、牧野に大量の灰が降った。熊本県畜産農協阿蘇支所によると、五二五ヘクタールの牧草地などが被害を受けた。

阿蘇市で氷点下九・八度を記録した二〇一七年一月二五日朝、小坂さんの家を訪ねた。ブルーシートの屋根の下では、牛が排せつしたばかりの糞《ふん》の小山が冷たい外気に触れ、もうもうと湯気を上げていた。

小坂さんが牛を放牧する赤水牧野は家から車で一五分ほどの距離にある。餌の干し草を運ぶ三

小坂さんが牛を放牧している赤水牧野（阿蘇市で）＝岩永芳人撮影

男の拓也さん（二二）と一緒に行った。

牧野の水飲み場は氷が厚く張り、牛が悲しげに表面をなめていた。拓也さんは最初、石で割ろうとしたがうまくいかず、スパナを何度もたたきつけて氷に穴を開けた。

赤水牧野では、斜面が崩壊しただけでなく、水飲み場のポンプも地震で壊れた。牧野に牛を放牧する五軒の農家はそれぞれ、麓から水を車で運んでいる。ポンプの修理には一〇〇万円以上かかるという。

小坂さんは、倒壊した牛舎に除草機や噴霧機などを入れていた。米の乾燥機や選別機、コンバインといった大型の農機具を含め、すべて地震で使えなくなった。

破損した機械を再購入し、ほぼ全壊した家と牛舎を建て直す費用は、全部で六〇〇〇万円近くになりそうだ。公的な補助を最大限利用するつもりだが、多額の自己負担は避けられそうにない。

八・六ヘクタールの田も一部が地盤沈下し、亀裂ができた。沈下して地下水が染み出た田にはトラクターが入らない。地震後の混乱で育苗も遅れ、地震の年は米の収量が大きく減った。

突然の地震は、それまで当たり前にあった暮らしをめちゃめちゃにした。小坂さんは「少しずつ戻していけばいい」と静かに言う。「全部なくなったけど、家族もみんな助かった。命があればどうにかなるけんですね。今は、心身ともに根を張りよる時。根が張れたら、枝葉は自然と広がっていく」

■助けた牛が子牛を産んだ

あか牛の競りは月に一度、熊本県大津町の県家畜市場で行われる。二月一日の競りの日、小坂さんは「今日が牛の晴れ舞台。牛を育てる自分の実力を測られる場でもある」と話した。競りの直前まで、金属製のブラシで子牛の毛並みを整える。耳の裏の毛まで丁寧にすく。

地震前に生まれて競りにかける子牛としては最後の一頭を市場に持って来た。雌の「みつひめ八」。地震の影響はみられず、おとなしく、素直な牛に育った。

体育館のように広い市場の係留舎は、約三〇〇頭の子牛の鳴き声で、大声でないと話ができないほど騒々しかった。小坂さんは、競りの順番を示す「233」と書かれた紙をみつひめ八の後頭部に貼った。市場で測定した体重は二六二キロ。予想より少し軽かった。

セリ場は、古代ギリシャの劇場のような半円形をしていて、階段状の席に購買者が座り、牽《ひ》かれてくる子牛を見下ろす。競り値は、電光掲示板に一〇〇〇円刻みで表示される。買いたい人が多い牛の値段は目まぐるしく上がっていき、人気のない牛の表示はすぐに止まる。平均時間は約三〇秒。購買者は子牛の良しあしを見極め、いくらまでなら出せるかをすばやく判断する。

小坂さんはセリ場に自分で牛を牽いていく。市場の作業員に任せる農家が多いが、一緒に行く方が「納得して売れる」。競りの間、子牛の全体を見てもらえるよう体の向きを何度か変える。

みつひめ八には六七万二〇〇〇円の値がついた。「まあ上等ですよ」と小坂さんは言った。繁殖農家の減少などで子牛の価格は高値が続く。地震で大きな被害を受けた小坂さんらにとっては、再建に向けての励ましになっている。

二月八日午前一時過ぎ、小坂さんから「生まれそうですもんね」と電話があった。地震で倒壊した牛舎の下から助けた牛が初めての子を産む。私の住む熊本市から阿蘇に車を走らせた。

母牛は二歳の「みつひめ七」。尾の付け根がくぼみ、乳房が張って、いつ生まれてもおかしくなかった。ただ、種付けから出産までの目安の二八〇日を一〇日以上過ぎていた。八日には、陣痛を促す注射を打つ予定だった。

外輪山の上空にかかる楕円《だえん》の月が阿蘇の夜を照らしていた。手足の先が痛くなるほど寒かった。

みつひめ七はすでに破水していた。逆子だと後ろ脚が先に出る。無事に前脚がのぞいた。獣医師が到着し、脚に縄を結びつけた。小坂さんと三男の拓也さんがその縄を引いた。

みつひめ七がいきなり倒れ、ドウッと鈍い音がした。子牛がずるずると引き出された。午前四時二五分。「大《ふて》え、こら」と、小坂さんが抑えた口調で言い、子牛の体をワラで丁寧にぬぐった。雄だった。みつひめ七は、湯気を上げる子牛の体をすみずみまでなめまわした。

地震で死んでいたかもしれない牛が子を産んだ。小坂さんは「よう無事にこれだけ大きくできたですね」としみじみと話した。子牛の名前を聞くと、しばらく考え、「『宝《たから》』とでも付くっですかね」と答えた。「宝物（たからもん）のようなもの。いろいろ大変だったからですね。宝が生まれたっちゅうことで」

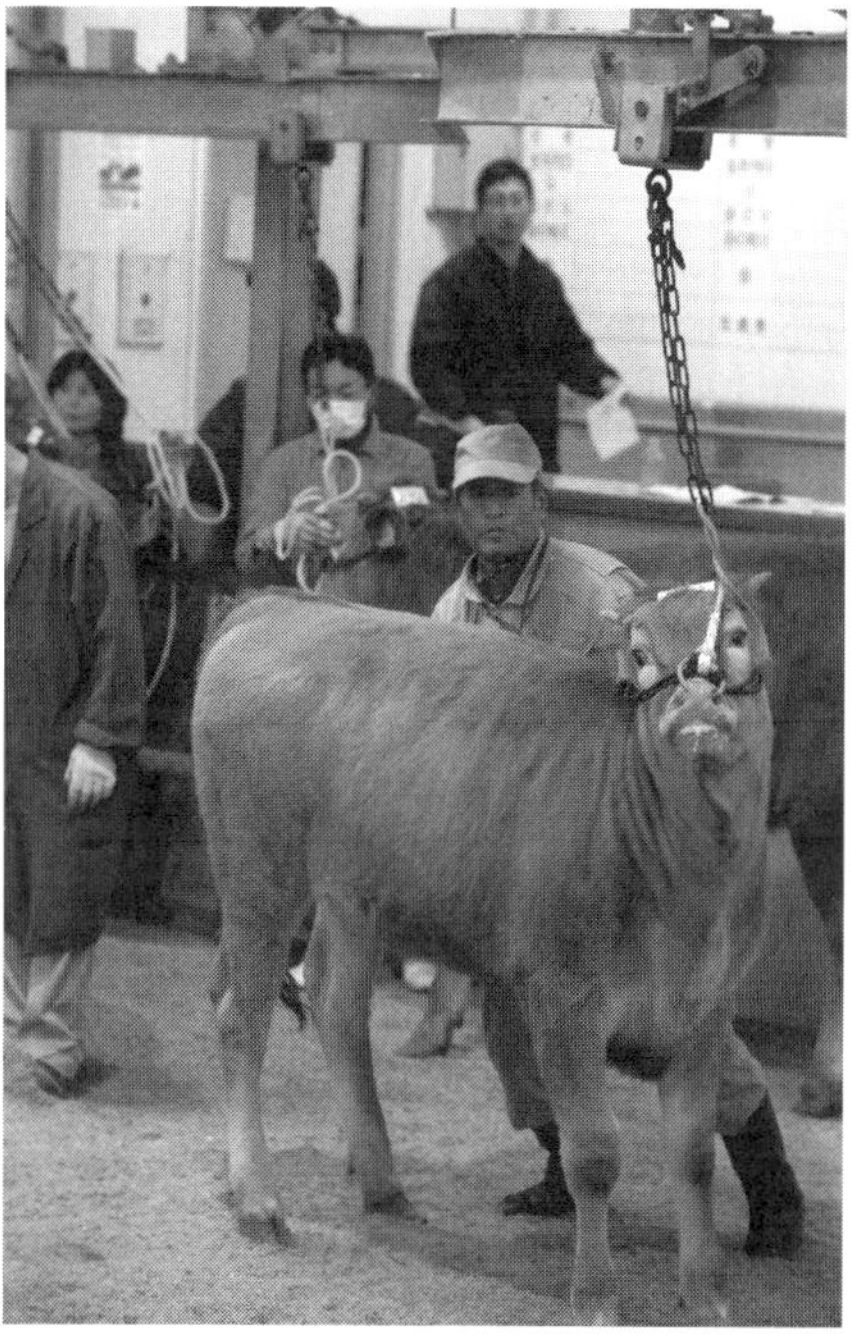

競りにかけられた小坂さんの子牛
（阿蘇市で）＝久保敏郎撮影

子牛は、母牛の乳をなかなか飲もうとしなかった。人工乳でも育つが、できれば栄養豊富な初乳を飲ませたい。帰りの車を運転中にまた電話があった。「飲みました。乳ば、ぐいぐい飲みよるです」。明るく弾んだ声だった。

阿蘇の畜産農家も後継者不足は深刻だ。小坂さんが高校を卒業して畜産を始めたころ、赤水地区では約四〇戸が牛を飼っていたが、今は五戸。公益財団法人「阿蘇グリーンストック」の調査では、野焼きに参加する農業者は七割が五〇歳以上で高齢化が進む。

三男の拓也さんが勤めていたホテルを辞め、牛の飼育を手伝うようになったのは地震後だ。小坂さんは「拓也が『家とか牛舎とか、みんな壊れたけん、自分が牛をやる』って言うてですね」と顔をほころばせた。

拓也さんはもともと、三〇歳ぐらいで家業を継ぐつもりだったという。「まあ地震があったけん、いい機会かなって」と淡々と話す。畜産の仕事の良さは「縛られず自由なこと」。忙しさはホテルと変わらないが、心の余裕が違うという。

拓也さんの朝は、家のそばのビニールハウスで飼う約二〇頭に餌をやることから始まる。トラクターで、牧野などの約三〇頭にも餌を運び、弱っている牛がいたらハウスに連れてきて手当てする。発情を見逃さずに種付けし、無事に出産させるのも仕事だ。

生まれた牛は約一〇か月間育て、三〇〇キロ前後に太らせて競りにかける。地震で牛舎が壊れ、思うような世話ができないなか、病気をさせず、できるだけ大きく育つよう飼料のやり方に工夫する。

小坂さんは拓也さんの試行錯誤に最小限の助言しかしない。「自分でやらんと覚えない」からだ。拓也さんは細かなことによく気づく性格という。「牛養いはおおざっぱじゃ、でけんからですね」

別々に取材した二人は「畜産は頑張った分だけ結果がついてくる」と同じ言葉を口にした。「牛養い」に真剣に向きあう姿勢を拓也さんは父から自然に引き継いでいる。

阿蘇市の山口力男さん（六九）は「あの地震が阿蘇の農村の致命傷になるかもしれん」と心配する。小坂さんと同じ赤水牧野に牛を放牧する五戸の農家の一人だ。

阿蘇でも農村は高齢化し、若者の姿が少ない。「いずれは子どもに畜産をやらせようと思っていた親も、地震で牛舎が壊れたところは、多額の再建費用をかけてまで継がそうとはしないだろう」と山口さんは推測する。「地震で家が壊れ、阿蘇を出て行く農家以外の住民もかなりいると思う。悪い影響が目に見えるようになるのはまだ先でしょうけど」と暗い声になった。

阿蘇の交通の大動脈である国道五七号の復旧の遅れも気がかりだ。山口さんは、博多駅前で二〇一六年一一月、大規模に陥没した道路が一週間で元に戻ったことに驚いた。「人口の多いところには行政が力を注ぐ。五七号は何年かかるのか。阿蘇に人がいっぱいおったら、こんなに悠長なことをやってますかね」

子牛の繁殖を約四〇年間手がけてきた。日本の農業の現状について、「会社員の家に生まれた若者が、農業を就職の選択肢のひとつにできる社会を戦後七〇年のうちに作らんといかんだった」と嘆く。

子牛の値段は、あか牛より黒牛の方が高いが、山口さんはあか牛だけを育ててきた。阿蘇の草原に放牧されるあか牛は「ひとつの文化」という考えからだ。「阿蘇の牛飼いが続いていくには、牛の値段に一喜一憂するだけじゃなくて、経済以外の放牧の価値をもっと知ってもらう必要がある」と強調する。

赤水牧野組合の運営は、山口さんや小坂さんら牧野に牛を放牧する五戸が主に担っている。山口さんは「五人しかおらんけん、力を合わせてやらないと。それは地震の前も後も変わらん」と話した。

小坂さんの話しぶりは淡々としている。そして時々、印象深い言葉をぼそっと口にする。

競りに同行した際に、「子牛と別れる時は感傷的な気持ちになりますか」と尋ねた。小坂さんは「経済動物ですけんね」と答えた。牛は、農家の経営資源で、ペットではない。「畜産を長年手がけていれば、いちいち感傷にひたることはないのだろう」と納得しかけた。ただ、続けて言った。「育てる時は愛情を込める。でないと牛は育たんですね」

利益だけが目的なら、あか牛の飼育は割に合わない。黒牛の方が値段が高く、育てる手間はあまり変わらない。飼うのをやめないのは「阿蘇からあか牛をなくしたくない」という思いからだ。地震でつぶれた牛舎から、命の危険を冒して子牛を助けたのも損得ではなかった。

小坂さんは地震で家と牛舎を失った。牧野と田も被害を受け、多くの農機具が壊れた。理不尽な災害に襲われながら、再建に向けた努力をねばり強く続けている。「阿蘇に根を張って生きていかんといけんからですね。自然と一緒に」とやはり淡々と言った。

牛が飼われているビニールハウスはワラのいい匂いがする。競りの前日、売られる子牛の頭をなでようとしたら手をなめられた。「なにごとも経験」と、しばらくそのままにしたが、子牛の大敵は下痢と聞いたのを後で思い出した。私の手をなめたせいで体調を崩したら小坂さんに申し訳ない。

幸い、子牛は無事に人手に渡った。ざらざらした舌の感触が今も、左手の甲に残っている。

（二〇一七年二月）

＊

阿蘇の畜産牛　世界最大級のカルデラに広がる牧野であか牛の放牧が古くから行われてきた。熊本県の二〇一五年の調査では、七一二戸が計二万八〇八一頭の肉用牛を飼育。後継者不足などから、〇五年と比べて農家数は三割、頭数は二割減少した。あか牛と黒牛の割合は四対六で黒牛の方が多い。出荷価格の高い黒牛が増える傾向にあったが、消費者の健康志向の高まりなどから脂身が少ないあか牛の需要が増え、あか牛を見直す動きもある。

4　防災消防航空隊と緊急消防援助隊

「我々消防士の心は強いですが、弱い」

■熊本隊が救った石巻の少女

東日本大震災で、熊本県防災消防航空隊に救助された宮城県石巻市の村松鈴音《りんね》さん（一五）は今春、高校生になった。ヘリコプターに収容された直後に隊員が撮った九歳の鈴音さんは笑みを浮かべ、Ｖサインをしている。

大震災が起きた二〇一一年三月一一日、小学三年生だった鈴音さんは体調が悪く、学校を休んでいた。大きな揺れが長く続き、大量の黒い水とがれきが自宅に押し寄せて来た。母親（四一）や二歳だった妹と二階にいて、「もうだめかも」と何度も思った。

津波の水はひかず、二階に閉じこめられた。ヘリの音がするたびに母親がベランダから手を振った。鈴音さんは、妹の不安を紛らわそうと絵本を読み、おもちゃで遊んだ。やがて夜になった。

水も食べ物もなかった。翌朝、ベランダの手すりに残っていた薄い氷を三人で分けて食べた。二日目の夕方になってやっと、自宅上空のヘリから救助隊員が降りて来た。

妹はひどく弱っていて、ヘリに行くのを嫌がった。「おねえちゃんが上で待っているね」と言い聞かせて先に上がった。続いて妹、母の順で救われた。機内の隊員が「よく頑張ったね」と励ましてくれ、初めて安心できた。

同じヘリに助けられた近所の人が「ひばり」という機体の文字を覚えていた。ネットで調べ、熊本のヘリと分かった。「すごく遠い所から来てくれたんだ」と驚いた。

震災から一年後、一緒に救助された友だちと感謝の気持ちを寄せ書きにして熊本航空隊に送った。副隊長だった西村澄生さん（四六）から返事が届いた。「ひばり」のキーホルダーとVサインの写真が同封されていた。

その熊本を二〇一六年四月、震度七の地震が二度襲った。中学生になっていた鈴音さんは生徒会に募金を提案した。

「こっちの震災がなかったら、『大変だなぁ』ぐらいで済ませていたかもしれないけど、ひとごとと思えなかった。助けてもらった熊本だからなおさらでした」

熊本の西村さんから、「地元の中学校で一緒に講演してほしい」という依頼があった。同年一〇

ヘリに救助された時の写真を手に、当時を振り返る村松鈴音さん
（宮城県石巻市で）＝中嶋基樹撮影

月、熊本を訪ね、「ひばり」に再会した。講演では、津波の恐ろしさや熊本航空隊に助けられたことを話した。持参した義援金は熊本県御船町に贈った。Ｖサインの写真を撮ってくれた元隊員で、上益城消防組合に戻っていた堀信昭さん（四四）の家が御船にあり、地震で全壊したと聞いたからだった。

東日本大震災には熊本から、空の消防航空隊と陸の緊急消防援助隊が出動した。航空隊は大震災当日の午後、隊員ら九人が熊本空港を離陸。翌日から三日間、宮城県石巻市で活動し、計七九人を救助・搬送した。

陸の熊本県緊急消防援助隊は一次隊（一〇六人）が一七、一八日、二次隊（一〇二人）が一九、二〇日、いずれも仙台市で、行方不明者の捜索や沿岸部の倉庫の消火活動などにあたった。

航空隊は大震災の翌日、山形空港から石巻市に向かった。防災ヘリ「ひばり」に、操縦士と整備士、四人の航空隊員が乗っていた。ひばりは前日に熊本をたち、一〇〇〇キロを超える距離をすでに飛んでいた。

県境の奥羽山脈は冠雪していた。よく晴れていて、隊員の堀さんは「きれいだな」と思った。しかし、そんな余裕はすぐに消えた。仙台市の石油コンビナートが炎上しているのが見えた。火柱と黒煙が激しく上がっていた。

石巻の沿岸部は黒い水につかっていた。多くの家が基礎を残して流され、大型の船が陸の奥深くまで運ばれていた。

誰も言葉を口にしなかった。操縦士の安治《あんじ》晃さん（六〇）は「石巻だけで一万人は亡くなったんじゃないか」と考えて恐ろしくなった。

高度を下げると、形をとどめている家々に人がいた。ヘリに気づいた人たちが屋根やベランダで懸命に手を振り、助けを求めていた。操縦席から確認できるだけで一〇〇人を超えていた。そんな状況が、どこまで広がっているのかは分からなかった。

ヘリに収容した人を降ろす空き地をまず決めた。その近くの家から救助を始めた。女性がベランダで浮輪を振っていた家だった。二人の隊員が一本のワイヤで降り、女性と女の子を引き上げた。

ヘリの救助は、安全確保のための手順が厳密に決められている。降りる準備から救助者を収容するまで、すべての動作を声に出し、指で確認しながら進める。ただ、時間がかかりすぎた。安治さんが隊員に提案した。「あなたがたはプロだ。確認を省いても安全に救助できるはずだ」

マニュアルが通用しない現場だった。隊員をヘリから地上に降ろすワイヤの先端にはフックが付いている。フックは、ワイヤをヘリから操作する隊員から常に見えていなければならないというルールがあった。万一、フックが異物にひっかかるとヘリの飛行が不安定になる。最悪、墜落の危険さえある。だが、隊員は家のベランダに降下する。フックが見えなくなるのは仕方がなかった。
五、六人の住民をヘリに収容すると、救助した人を機内で固定する命綱が足りなくなった。住民に動かないように頼み、隊員が彼らを体で押さえた。これもやむをえない対応だった。
副隊長の西村さんは「消防士として培ってきた技術とカンで、できるかできないかをその場で判断しろ」と隊員に指示した。隊長だった平井司朗さん（四九）は「できるだけ多くの人を助けるためにそうせざるをえなかった」と振り返った。

平井さんはある女性の声が今も耳に残る。ヘリに引き上げられ、心臓マッサージを受けている高齢者にすがりつき、「お母さん」と繰り返し叫んでいた。

隊員だった石塚賢宏《たかひろ》さん（三七）は、大型犬を連れた女性が「犬と一緒に残る」と救助を断ったことが忘れられない。西村義盛さん（四四）は、ある避難所で、「今、何が起きているんですか」と聞かれ、情報から隔絶された人々の状況に衝撃を受けた。

熊本航空隊は、ヘリに収容しきれない人たちを上空から、「助けは必ず来ます」とマイクで励ました。「たくさんの人たちがまだ、『助けてくれ』と言っていた。その人たちを励ましたのは、うそをついたわけじゃない。でも、うそばっかりっていう記憶が非常に……」。操縦士の安治さんはそこまで話した後、言葉が続かなかった。

上益城消防組合の堀信昭さんも、東日本大震災の救助活動を思い出すとつらくなる。二〇一一年三月の三日間、熊本航空隊はベストを尽くした。「あの時、ああしていればよかった」と後悔することは一つもない。にもかかわらず、「もっと多くの人を助けられたかもしれない」と考えてしまう。

東日本大震災の救助について語る堀信昭さん
＝岩永芳人撮影

忘れられない現場がある。透析が必要な男性を病院に運ぶよう指示を受けた。避難所にヘリを降ろしたが、男性はいなかった。燃料節約のため、エンジンをかけたままの待機は一〇分と決めていた。家族の女性が懸命に捜したが、見つからなかった。自宅に一時戻ったのかもしれなかった。

「すいません。他に現場があるので、もう行かせてもらいます」と女性に告げた。「また来てもらえますか」と聞かれた。「分かりません」と答えるほかなかった。

女性も必死だった。携帯電話の番号を重ねて尋ねられた。教えることはできなかった。「最初に電話した所にもう一度、救助を求めてください」と言い残した。飛び立つヘリの機内から、女性が何度もヘリに向かって頭を下げているのが見えた。

熊本の通常の出動では、救助した人のその後を確認できる。石巻では、関わった人たちがどうなったのかまったく分からなかった。そのことが苦しかった。

夏になり、石巻の女性から熊本市消防局にメールが届いた。女性は津波で家が流され、避難した小学校で陣痛が始まった。予定より一週間早かった。学校で出産するしかないと覚悟した時に熊本航空隊のヘリが来た。

初産だった。学校から病院には一人で行かなければならなかった。不安で涙を流すと、隊員が励ましてくれた。「お礼を言いたかったのですが、痛みに耐えるので精いっぱいでした」とメールにつづられていた。女性は、搬送先の病院で女の子を産んだ。

「娘に皆さんに助けて頂いたことを、毎日のようにお話させていただいてます。熊本県から宮城県はとても遠いのに、助けに来ていただいて本当にありがとうございました。これからも、かっこいいみんなのヒーローでいてください」

女性のメールの写しが、上益城消防組合に戻っていた堀さんに郵送された。堀さんは当直の夜、封筒を開いてメールを読み、思わず手を合わせた。その理由を聞いた。「ありがとう、助かってくれてありがとうです。今、初めてしゃべりました」

東日本大震災から一年後、今度は、村松鈴音さんら救助した子供たちの寄せ書きが送られてきた。鈴音さんは、「助けてくださったおかげで友達にもあえました」と書いていた。石巻の人々とのつながりが生まれ、堀さんの気持ちは少しずつ楽になった。

副隊長だった西村さんが、堀さんと西村義盛さんに提案した。「東日本大震災から五年の節目に石巻に行って、助けられなかった人たちに謝ろう」

三人は大震災からちょうど五年目の二〇一六年三月一一日、鈴音さんやその家族らと石巻で会った。鈴音さんに、「はじめまして」と言われた西村さんは「初めてじゃない。二回目ですね」と言い、胸がいっぱいになって泣いた。鈴音さんも泣いていた。

救出された直後の鈴音さんの写真を機内で撮った堀さんは、「手も足も小さかった女の子がずいぶん大きくなった。きれいになった」とうれしかった。西村義盛さんは、鈴音さんらが明るく迎えてくれたことに「心の復興は進んでいるんだな」と思った。

その一か月後、熊本地震が起きた。

■応援を受ける側になる

熊本地震の本震が起きた時、西村義盛さんは熊本市の南消防署で仮眠中だった。消防航空隊を離れ、同署の特別救助隊の小隊長になっていた。

前震の発生から徹夜で活動し、ひどく疲れていた。本震の激しい揺れを夢の中の出来事のように感じた。

近くの住民が、「人が家に閉じこめられている」と徒歩で知らせてきた。四人の隊員と現場に駆けつけた。一階部分が完全につぶれていたが、幸い、住んでいる人は二階に寝ていて無事だった。まもなく、「西原村に行き、倒壊家屋から住民を救助せよ」という指令が入った。「六人ぐらい家の中にいる」という情報だった。

村に至る道路はあちこちで陥没し、大きな石が転がっていた。近づくにつれ、被害を受けた家が増えていった。

現場に到着すると、閉じこめられているのは男性一人だった。壊れた家の隙間から隊員が入り、梁《はり》の下敷きになっている男性を発見した。その隊員の音の合図を頼りに、別の隊員がチェーンソーで真上の屋根を切断し、穴を開けた。穴から担架を下ろし、引き上げたが、男性はすでに死亡していた。

上益城消防組合の堀さんは前震の夜、御船町の自宅にいた。近所の人たちを体育館に避難させ、組合の消防本部に向かった。それから二日間、殺到する119番の対応などに追われた。町では、関連死を含めて九人が亡くなった。堀さんの自宅も全壊した。

堀さんは、大きな災害時に応援に行く準備をふだんから怠らないよう後輩に教えていた。しかし、応援を受ける側になることは頭になかった。

熊本市消防局南消防署の指揮隊大隊長藤本祐二さん（五一）は前震後、熊本県益城町のアパートに閉じこめられた七〇歳代の女性らの救助にあたった。日付が変わる直前、町役場に移動して指揮を執るよう無線で指示を受けた。

庁舎は危険で入れなかった。大きな余震が起こるたび、駐車場に避難していた約二〇〇人の住民から悲鳴があがった。日本赤十字社や町の職員、自衛隊員、警察官も駐車場にいた。「いろんな組織がばらばらに動いていた。机が出されていたが、『場所取り合戦』の状況だった。はっきり言って、らちが明かないと思いました」

「消防の指揮の藤本です」と名乗り、「私の方で進めさせてもらっていいですか。情報の共有をやりましょう」と提案した。

役場のホワイトボードを駐車場に置き、投光器で照らしてもらった。「私たちの言うことを全部書いてください」と町職員に頼んだ。救助対象の家屋の住所、簡単な状況などを一行ずつ、書き出していった。ボードはすぐにいっぱいになり、二枚目が運ばれた。

各組織が自立的に活動するにしろ、多数の現場に効率的に対応するためには、情報の一元化が最優先だった。藤本さんはぎりぎりの状況で、縦割りの行政を横につなげる仕事をした。

それぞれの役割も整理した。役場は、避難所の開設や避難者の把握。警察は、現場での活動の指示や取材規制。自衛隊は、避難者の搬送や救助の支援。ボードに記された被災現場は朝までに三四か所にのぼった。

藤本さんは、熊本地震の五年前に起きた東日本大震災で、陸の緊急消防援助隊の一員として仙台市に出動していた。隊の活動を記録する業務を任され、全体の状況を把握した。その経験から「身にしみて分かったことがある」という。

大震災の発生から三日後、一次隊が東北に出発した。救助や消火、救急など六つの隊で構成していた。

途中、震度六強の地震が静岡県で発生し、静岡での活動が一時検討された。宮城県の気仙沼方面に進むよう指示が出た後に取り消されたこともあった。

「他県の緊急消防隊が移動中に被曝《ひばく》した」という情報もあった。後に誤りと分かったが、福島第一原発が放出した放射性物質に対する不安が隊員に広がった。

藤本さんは、さまざまな情報が交錯する状況での、指揮する立場にある者の判断の重さを痛感したという。指揮官は、人命を救うという職務を遂行する一方で、隊員の安全を確保しなければならない。「その教訓を熊本地震に生かしたところは確実にあります」と話した。

一次隊は三月一七日から二日間、仙台市で、行方不明者の捜索や沿岸部の倉庫の消火などにあたった。救急の出動要請はなく、救急隊は、けが人や病人の搬送するという本来の業務ができなかった。二次隊の救急隊への業務の引き継ぎで、「何もできなかった」と悔しさをにじませた。

二次隊に命じられたのも沿岸部の消火活動で、救急隊は、消火の補助に専念した。「やるぞという気持ちをみんなが持っていた」と二次隊の救急隊長だった池松英治さん（四九）は振り返った。

119番が殺到した司令管制室と池松英治さん＝岩永芳人撮影

「仙台に来るまでに、私たちのバスに向かって頭を下げたり、手を合わせたりする人たちを見た。このままでは帰るに帰れないと思った。もどかしかった」

五年後の熊本地震は、池松さんが熊本市消防局の情報司令課に異動して二週間後に起きた。

前震の夜は、本部近くの店で食事中だった。激しい揺れを感じてすぐ、本部に走った。

司令管制室には、管内のすべての１１９番が集中する。通常は六人で受けているが、緊急時には一八人に増員される。それでも取り切れないほどの１１９番がかかってきた。

現場の数が多すぎた。救助隊はすぐに足りなくなった。重傷者を優先し、軽傷者の出動要請は断った。しかし、それを納得してもらうのが難しかった。

「割れたガラスで足を切って出血したという事案があれば、普段なら出動する。今回はこらえてくださいということなんですが、こちらの状況を向こうは分からない」。罵声を浴びせる人がいた。

「人殺し」と言われた課員もいた。

「水が出ない」、「どこに避難したらいいか」といった相談も多かった。「消防以外に電話がつながらない」と言われれば、対応せざるをえなかった。「地震はまだ続くのか」という答えようのない問い合わせもあった。

翌日夕に帰宅し、就寝してまもなく、今度は本震が起きた。１１９番に追われる夜が再び始まった。その数は前震の時より多かった。

東日本大震災の緊急援助隊で池松さんは、思うような仕事ができなかった。「その悔しさは、熊本地震を経て少しは変わったか」と尋ねた。「いやあ、まだまだです。おそらくずっと背負っていく。忘れたらいかんとも思う。東北の沿道で、救助に来た私たちに手を合わせる人たちの姿がいまだに脳裏に焼き付いている」

熊本地震では、福岡市などから一八機の消防ヘリが飛来し、救助などにあたった。ところが、地元・熊本県の消防ヘリはその時定期点検中。隊員たちは飛ぶことができなかった。

隊長の藤山修一さん（五二）は「こんな時になぜヘリがないのか」と悔しかった。一方で、支援のありがたさを心に刻んだ。東日本大震災で藤山さんは、陸の緊急消防援助隊として仙台市で活動した。「支援を受ける側になって仙台の消防の気持ちが分かった」と話した。

東日本大震災で熊本航空隊は、日没が迫ったために、病院からの患者搬送を断ったことがあった。

搬送できないことを病院に告げたのは、隊員の西村義盛さんだった。医師らは苦情を言わず、逆に、「頑張ってください」と励ましてくれた。そのことがかえって西村さんの気持ちを苦しくした。

西村さんは、石巻市で救助した村松鈴音さんらから届いた寄せ書きを今の職場の机の引き出しに入れている。時々見て、「頑張らな」と思う。

上益城消防組合の堀さんは石巻での活動後、「おはよう」や「行ってきます」といったあいさつを子どもが忘れることを許せなくなった。「地震があると、もう会えないかもしれない」と思うからだ。

震災から五年の節目に石巻を訪ねた西村さんらは「石巻に励まされた」と鈴音さんに話した。鈴音さんは義援金を熊本に持参した時に、「自分も、熊本の人たちから元気をもらった」と思った。

二つの大地震の現場で働いた消防士たちは今も、体験の意味を繰り返し考えている。副隊長だった西村さんは、どんな現場にもひるまない消防士の勇気と、現場でベストを尽くしたとしても消えることのない苦悩をこう表現した。

「我々消防士の心は強いですが、弱い」

（二〇一七年四、五月）

5　複合災害

「貯水槽に事故が起きたら必ず水が襲ってくる」

■斜面崩壊と水流出の複合災害

土砂崩れで二人が亡くなった熊本県南阿蘇村の新所地区を襲ったのは激しい揺れだけではなかった。午前一時二五分に起きた本震で、九州電力黒川第一発電所の貯水槽が破損。槽と水路の大量の水が流出して土砂を巻き込んで夜の集落に達し、九世帯が被災した。

家で寝ていた山内博史さん（六四）は本震のすさまじい揺れにたたき起こされた。おびえる次女（三二）と母親（八九）、妻の久美子さん（六三）を連れて玄関から外に出た。ほとんど同時に、地面をはうようにどろっとした黒い水が流れてきた。

最初は雨が降ったと思った。しかし、星が見えた。月の明かりもあった。雨ではないと気づいた途端、水力発電所施設の異変に思い当たった。貯水槽まで直線距離で約三〇〇メートル。ゴウゴウという音も聞こえていた。

高齢の母親を次女と妻が支え、四人で庭に入った時だった。大量の水と土砂が襲って来た。あおむけに倒され、体ごと流された。何が起きたのか分からなかった。気づいたら、庭の池に落ち、砂利に埋まっていた。

次女が最初に抜け出した。山内さんも自力ではい上がった。妻と母親は動けなかった。母親は首まで砂利に埋まっていた。

山内さんの記憶は途切れ途切れだ。次女に「おめけ（叫べ）」と言い、「もうやめとけ」と言い、自分でも「助けてくれ」と叫んだ。

久美子さんは左足が抜けなかった。地鳴りのような音と水の流れが続いていた。久美子さんは次女に、「早《は》よ逃げなっせ」と大声を上げた。次女は「みんなと一緒じゃないと嫌だ。一人で助かっても仕方がない」と動かなかった。

久美子さんは「こげんして人間は死んでいくとばい」と思った。山内さんに、「もうええ」と逃げるように促した。山内さんは「なんば言いよるとか」と怒った。大声を上げて力を振り絞り、久美子さんの体を引っ張った。ようやく足が抜けた。

母親は、山内さんがどんなに頑張っても抜け出せなかった。「助けば呼んでもらうといいけん。こけ、なんさま（ここでとにかく）、頑張っとくけん」と言った。山内さんは母親を庭木にしがみ

地震の揺れで損壊した貯水槽。大量の水が新所の集落に流れた＝中島一尊撮影

地震で破損した貯水槽と斜面崩壊の跡＝中司雅信撮影

つかせた。

久美子さんが「（母親を）置いていかれん」と口にした。山内さんはまた怒った。「一人でも助からな、いかんとぞ」

三人で、近くの小学校跡地まで逃げた。消防団に、「うちのお袋がまだ浸《つ》かったままだ」と訴えた。母親が救助され、病院に運ばれたと聞いたのは夜が明けてからだった。

山内さんは振り返る。「お袋に、『助けば呼びに行ってくるけん』て言うた時点で、たぶん戻って来た時はダメだろうと思った。最終的には助かったけん、よかったばってん……」

新所地区は阿蘇外輪山の急な斜面に広がり、江戸時代から続くとされる古い集落だ。九州電力は、地震による斜面崩壊で貯水槽が損壊し、水が流出したという「複合災害」だったことを認めた。一方で、槽の破損は、「地震による不可抗力であり、法的責任はない」としている。

新所地区の江藤宏美さん（四三）は本震後、納屋を改造した別棟から外に逃げ出した時にゴウゴウという音を聞いた。

「水だ」とひらめいた。父親の俊雄さん（六八）が以前、「（発電所の）貯水槽に事故が起きたら必ず水が襲ってくる」と話していたのを覚えていた。

宏美さんは、本棟にいた俊雄さんと妹に「外に出て」と声をかけた。三人で軒下に身を寄せ合った直後に大量の水と土砂が来た。家がつぶれ、娘たちをかばうようにした俊雄さんの背中に軒が落ちた。宏美さんは一瞬、「あ、これで死ぬのかな」と思った。

家の隣の田んぼに三人で逃げた。水は絶え間なく流れてきた。宏美さんは逃げる途中、靴が脱げた。俊雄さんと妹は最初から裸足《はだし》だった。二人はサルスベリの木にしがみついた。宏美さんは、畦《あぜ》に植えられていたお茶の木の間に体をねじ込み、枝をつかんだ。

水は腰の高さまであった。すさまじい音をたて、滝のように流れていた。

宏美さんは携帯電話を持っていた。流れる水の中に立ったまま110番した。電話が殺到していたのだろう、「助けには行けない」と告げられた。「頑張ってください」と言われ、「頑張ります」と大声で返事した。やり取りを聞いていた妹は、宏美さんがひどく動転していると感じ、心配になった。

やがて水かさが減ってきた。近くの神社の方向に逃げ、近所の人たちと一緒になった。

俊雄さんは今住んでいる「みなし仮設」のアパートで、「自分はもう年やけん、亡くなったってしょうがないばってんが、子供たちは助けてくれよと祈ったですね」と振り返った。宏美さんは「その気持ちが伝わってきて……」と言ったきり言葉に詰まり、涙をぬぐった。

新所地区に自宅があった片島聡明《としあき》さん（五八）は本震から数分後、ドドドドドというものすごい音を聞いた。二階の窓を開けると、どろどろした黒い水が地面を音を立てて流れていた。発電所の貯水槽が壊れたと直感した。

部屋のドアは開かなかった。先に外に出た父親にハシゴをかけてもらい、窓から地面に下りた。流れる水に膝までつかりながら家族五人で近くの神社に向かった。

隣の家の前に片島信夫さん（当時六九歳）が放心したように座り込んでいた。全身が泥に汚れていた。顔も真っ黒だった。上の家から土砂に流されて来たらしい。

聡明さんは信夫さんの腕をつかんで起こそうとしたが、泥で滑った。聡明さんの母親が「今、頑張らんでいつ頑張るね」と大声で励ました。信夫さんは「立ちきらん。歩ききらん」と言った。額から血を流し、けがをしているようだった。「人を呼んで来る」と告げてその場を離れた。

逃げる途中で、江藤俊雄さんと娘たちが木につかまり、水の流れに耐えているのに気づいた。「おおい」と声をかけた。「おおい」と返事があった。流れが激しすぎ、助けに行くことはできなかった。

公民館にたどり着き、「信夫さんが上にいる」と消防団に話した。信夫さんは、村内の病院に運ばれたが、その日のうちに亡くなった。妻の利栄子さん（当時六一歳）も翌日、遺体で見つかった。

聡明さんらは親戚を頼って熊本市に避難した。数日後、村に戻る時、母親が「九電に寄る」と言い出した。両親は九州電力熊本支社に抗議に行った。聡明さんは「九電の方から謝りに来るべきだ」と思い、車の中で待っていた。長い交渉が続くことになる九州電力との最初の接触だった。

■被害を誰が償うか

九州電力は地震から三か月後、黒川第一発電所の貯水槽からの水の流出と土砂崩れとの因果関係を明らかにするため、地震工学の研究者らでつくる「技術検討会」を設置した。

貯水槽は、屋根のない長方形で、二本の導水路を通して黒川の水をためていた。検討会の報告書によると、四月一六日未明の本震で、貯水槽の脇の斜面が大規模に崩壊。貯水槽直下の地盤の一部が失われたことで槽が破損し、水が流出した。

貯水槽だけでなく、導水路の水も集落に流れた。その総量は、同日午前九時三三分に取水口が閉じられるまでに約一万九〇〇〇トン。二五メートルプール（幅一二メートル、深さ一・二メートル）の約三十杯分にあたる量だった。

斜面の崩壊による土砂は集落までは達していなかったが、貯水槽から流れ出た大量の水がその土砂を巻き込み、集落に流れ込んだ。検討会の想定実験では、水と土砂が、集落の一番上に到達したのは本震から約七十秒後。約三十分間にわたり、一秒に約〇・五トン以上の水が集落に流入した。

九電は二〇一六年一一月、検討結果を公表し、被災した九世帯に説明した。当時の熊本支社長は、「水が流出したという事実を重く受け止め、最大限の対応を行っていく」と表明し、「ご迷惑をかけた」と謝罪した。

一方で検討会は、貯水槽が、電気事業法に基づく耐震性の現在の基準を満たしていたことを確認した。

九電はこれに加え、「本震が起きるまでの貯水槽の維持、管理にも瑕疵《かし》はなかった」として法的な責任を否定。九世帯に対しては損害賠償ではなく、自宅の土地を購入することなどによる「移転補償」で対応する方針を決めた。

新所地区の土砂崩れによる被害は誰が償うべきなのだろうか。

ダムなどを造る際の岩盤の硬さはAからDまでの四段階で評価される。九州電力が設置した技術検討会の調査で、貯水槽直下の岩盤の一部が、最も弱いDだったことが分かっていた。経済産業省・産業構造審議会のワーキンググループは二〇一六年一二月、黒川第一発電所の貯水槽の損壊を検証した。委員の一人は、貯水槽が置かれていた地盤の支持力は十分だったかを九電に尋ねた。

九電は委員に次のように説明した。技術検討会は貯水槽周辺の岩盤を調べ、槽の直下の強度を推定。これに基づき、貯水槽の耐震性を検討したところ、地盤がDであっても、省令が定める基準に適合していたと認められたという。

九電熊本支社技術部は「Dの岩盤の上に貯水槽を建ててはいけないという認識はない」と取材に回答した。

一方、民法717条は、建物など「土地の工作物」に関して無過失責任を定める。占有者による建物の設置や管理に瑕疵があり、損害を与えれば、過失がなくても被害者への賠償責任が生じる。だが、損害がまったく予見できず、回避する可能性がなかったのなら、瑕疵がなく、不可抗力として法的責任は否定される。

熊本大学の原島良成准教授（行政法、環境法）によると、過失なく発生してしまった損失の負担については、「危険を発生させているのだから責任を負うべきだ」「建物などから利益を受けている者に賠償させる」という二つの考え方がある。

原島さんは、「何を不可抗力とするかには社会的な価値判断が含まれる。九電は発電所から利益を得ていて、住民には落ち度がない。東日本大震災などを経験した我々は、より高い安全性を求めるようになった。裁判所が結論として幾ばくかの賠償を認めることはありうる」と指摘した。

山内博史さんは地震の前年、長男の家族を迎えて同居しようと自宅を改修したばかりだった。土砂崩れで自宅だけでなく、倉庫や三台の車、農機具などを失った。

山内さんは、「貯水槽の水が来てないなら、家の瓦一枚割れとらん」と悔しがる。「貯水槽の破損は地震による不可抗力であり、法的責任はない」という九州電力の見解には納得できない。

ただ、今住んでいる「みなし仮設」のアパートには居住の期限がある。九電との交渉をいつまでも続けることはできない。早く解決したいが、基本的な考えを曲げたくない。気持ちが揺れた末、地震から二年後の二〇一八年二月、移転補償の契約を結んだ。その席では、「悔しさと憤りは死ぬまで持って行く」と九電側に告げたという。

娘たちと木にしがみついて濁流に耐えた江藤俊雄さんは一七年秋、移転補償の契約書に判を押した。「（被害を）思い出したら頭にくるばってんが、もう、どうしようもにゃあけんな。命は助かったけん、あんまり恨んでもしょうがない」。九電の対応は官僚的だと感じた。「ああいう、太《ふと》か組織は、だれが責任者かわからん」と苦笑した。

片島聡明さんも一七年末、補償に同意した。すぐに謝罪がなかったことは今も許せない。九電には「加害者意識が薄い」とも感じている。

一方で、「人の時間は限られている。どっかで前に進んでいかんとしょうがなか」とも考えた。九電の交渉の担当者には、被災の体験を繰り返し話した。その恐ろしさの幾分かは理解してもらえたと思う。「そのことを信じられんなら、いつまでもハンコはつけなかった」と振り返った。

九州電力熊本支社広報グループは取材に対し、「住民の受け止めはさまざまと思う。当社としては誠意を持って対応させていただいている」と説明した。

山内博史さんは、土砂崩れで亡くなった片島信夫さん、利栄子さん夫妻の月命日には必ず、彼らの自宅跡地に花を手向ける。

ただ、どんな用事があっても夕方までには新所を離れる。日が傾くと、生まれ育った新所の懐かしい日々が思い出され、つらくなるからだ。

隣町のみなし仮設住宅に避難していて、新しい家を早く探さなければならないが、にぎやかな町の生活は性に合わない。山の急斜面に広がる新所は地震や大雨が怖い。山内さんは悩みながら、新所の近くに家を建てるための土地を探している。

地震の時に区長だった山内さんは災害の恐ろしさが身にしみた。住民には「新所を出ろうと思う人は出てください」と呼びかけた。「出る人を非難したらいかん。無理しておる必要はない」と話した。

新所のＪＲ豊肥線より山手側の地域には約四〇軒の家があった。そのうち住民が戻ったのはまだ数軒だけだ。

一方、九電は、今回の貯水槽の破損を受け、管内の水力発電設備について、斜面の状況などの情報をあらためて集めている。それぞれの設備の危険度に応じた対策や、周辺住民にいかに知らせるかなどを検討中だ。

二〇一七年の大みそかの夜、新所の人たちは地区の神社に集まった。古里を離れる人も残る人も、午前零時を過ぎるのを待って初詣をした。

今の区長の江藤俊雄さんは、新所に近い土地に家を再建することにした。「戻ってこられる方が少しでも増えるようにしたい」と決意を述べた。

地震が起きるまでの新所は静かで、眺めがよく、住民が親しくつきあってきた集落だった。神社にそろってお参りする人たちの姿から、互いのつながりをこれからも大切にしたいという思いが伝わってくるようだった。

（二〇一八年二、三月）

＊

黒川第一発電所　一九一四年（大正三年）に発電を開始した九州電力の水力発電所。最大出力四万二二〇〇キロ・ワット。白川水系の支流である黒川から取水し、貯水槽から発電所まで約二五〇メートルの高低差を利用して発電する。地震後、発電を中止しており、再開は未定。

震災後の葛藤

6　益城町、高い全壊率

「復興計画が決まらないと、どこに住んでいいか分からない」

■どんもしょんなか

熊本県益城《ましき》町の宮園区長、増永信喜さん（七一）は二〇一六年夏、区内をくまなく歩き、人が住んでいる家を数えた。地震前の約二五〇戸が約六〇戸になっていた。

仮設住宅や町外に移った人たちは帰って来るだろうか。帰ったとしても以前のようなつながりが戻るだろうか。家を新築する資力がある人は限られる。倒れた家の撤去がいつ終わるのかも分からない。「自分の力だけじゃ、どんもしょんなか（どうにもしようがない）」と増永さんは悩む。

増永さんの家も全壊した。晩酌もできない不自由さが性に合わず、避難所は数日しかいなかった。家の敷地に作った小屋で七月末まで暮らし、その隣に建てたユニットハウスに移った。「ここが俺の死に場所」と笑った。

宮園にはかつて、「若者（わけもん）どん（たち）が食（く）てしまうもんな」とぼやきながら、持って行かれるのを承知で干し柿をつるす家があったという。春には、近所同士で声を掛け合い、小川の桜を楽しみつつ昼ご飯を食べた。秋には、畑のカライモ掘りに子供たちの歓声が上がり、お地蔵様の祭りをみんなで祝った。住んでいる人たちの距離が近かった。

地震は、それまで普通にできていたことを難しくした。

防犯灯の維持もその一つだ。区内に六〇基あり、電気代や、切れた電灯の交換費用を全世帯が年に一〇〇〇円ずつ負担してきた。

地震後は、電気代の集金ができなくなった。再開できたとしても六〇戸では予算が足りない。繰越金でまかなっているが、いずれ底をつく。

全壊した公民館の再建も難題だ。住民が集まる場所がなくなり、総会も開けない。建て直した場合の町の補助は七五〇万円を上限に費用の四分の三まで。あとは残った住民の負担になる。公民館のがれきは跡地にまだ放置されたままだ。住民たちが楽しんでいた球技大会のトロフィーが雨ざらしになっていた。

宮園は、町の中心部にあり、役場にも近い。震度七の地震に二度襲われた益城町でも被害が集中している地域の一つだ。

日本建築学会九州支部は地震の翌月、益城町中心市街地の二三四〇棟の被害を調査した。調査

全壊した自宅で、助け出された状況を話す増永春代さん＝大原一郎撮影

地域を一〇〇メートル四方に区切って分析したところ、全壊率は宮園周辺で高く、最もひどい区域は八七％に達していた。

増永さんの妻、春代さん（六九）は全壊した家に閉じこめられた恐怖を今も鮮明に覚えている。四月一四日夜の前震でがれきに埋まった。

揺れが始まり、身を守ろうと、ベッドの横にあった机の下に頭を入れた直後に屋根が落ちてきた。小さな机が命を救ってくれた。

真っ暗だった。右手だけがかろうじて動いた。指に何かが触れ、その感触からおそらく、崩れた壁の破片だろうと思った。机の脚にも触れた。

そのうち、カラカラ、カラカラという澄んだ音が上の方から聞こえてきた。瓦に何かの破片が当たる音だったのだろうか。「屋根の重みに机が耐えきれなくなったら……」と思うと、生きた心地がしなかった。

突然、ゴォッと地響きがし、ぐるぐると地面が動いた。余震だった。揺れが収まるとまた、「カラカラ。カラカラ」。少しずつ机が沈んでいるような気がした。「恐ろしかったですよ。たいぎゃ（すごく）恐ろしかった」

別の部屋にいた増永さんはどうにか外に出た。春代さんを大声で呼んだ。「生きとるかあ」。返事があり、胸をなで下ろした。

増永さんの自宅の湧き水。震災後、近所の住民を支えた＝大原一郎撮影

ただ、増永さんだけでは、つぶれた家の下にいる春代さんを助けることはできなかった。警察に電話がつながったが、救助はなかなか来なかった。

路地に出て待っていると、宮園の様子を見に来た隣の区の人たちに出会った。力を借りて屋根を動かし、春代さんを外に出した。春代さんは翌日、あばらが二本折れていることが分かった。

増永さんの家には、澄んだ水がこんこんと湧く泉がある。地震の後、「水があります。四〇年前から飲んでいます。利用してください」と書いた紙を外に貼った。

断水で飲み水や洗濯に困っていた人たちがすぐに列を作った。ペットボトルを山積みにした一輪車で来て、水を詰めて帰る人がいた。本気なのか冗談なのか、利用者が増えたら困ると、「あんまり教えんではいよ（ください）」と口にする人もいた。

町の消防音楽隊の隊長だった時にトランペットを教えた知人が二槽式の洗濯機をくれた。ボランティアが泉のそばにシャワー室を作った。洗濯機もシャワー室も誰もが自由に使えるようにした。洗濯機の発電機は地元の運輸会社からもらった。

避難所で車中泊をしていた山野久行さん（六七）は毎朝一番に洗濯に通った。

一五歳で大工になり、木造建築の会社を起こした。四〇歳の時に自分で建てた家は地震で全壊した。自力で再建することにしたが、瓦の片づけだけでも一日働くと、服がひどく汚れた。体ひとつで避難したので着替えは数枚しかない。自由に洗濯できるだけの水は避難所にはなかった。

増永さんの家の洗濯機がありがたかった。

増永さんは避難所を数日で出て、家の敷地に立てたテントに寝泊まりしていた。朝になると、毛布が重たくなるほど夜露がひどかった。

山野さんはそれを見て「我が家ば建つる（建てる）前に、あんたの家ば建つる」と言った。会社の資材置き場から運んだ木材を骨組みにし、二重にした厚いブルーシートを天井と壁に張って四畳半の小屋を半日で作った。雨や露を完全に防ぐ頑丈な小屋だった。

「増永さんの水にみんな助けられた。水は毎日のもんですけんね」と山野さんは振り返った。

益城町は一九五四年、一町四村が合併して発足した。「益城」の地名は歴史が古く、万葉集や続《しょく》日本紀《にほんぎ》にも登場する。地名の由来は諸説あり、町史は、古い日本語で「マシキ」が「台地のへり」という意味だったことを紹介している。

町を大きく三つに分けると、北部は畑地が広がる台地、中央部は水田と住宅地の平野、東南部は阿蘇の外輪山に連なる山岳部だ。熊本県のほぼ真ん中にある。

町はもともと農村地帯で、面積の四割を田畑が占める。一方で、隣接する熊本市のベッドタウンとして発展。地震直前は約三万四〇〇〇人が住んでいた。「自然の豊かさ」と「都市の快適さ」の両方の追求が町の目標だった。しかし、順調だった町の風景を地震が大きく変えた。

田島安代さん（八一）は町出身で、二〇歳の時に宮園地区の家に嫁いだ。婚礼では、提灯《ちょうちん》を掲げ、「嫁御《よめご》ぞ、嫁御ぞ」と声を張り上げる仲人に先導された。長年連れ添った夫は地震の前年に亡くなり、思い出の詰まった家は熊本地震で全壊した。今は、町内の仮設団地に暮らす。地震の揺れはすさまじかった。「世の中にこぎゃんことがあっどか（こんなことがあるのか）」と思った。

建設業だった夫が建てた家は二度の震度七の揺れにも倒れなかった。ただ、地盤が弱く、余震のたびに床や壁のゆがみがひどくなった。地震直後の被害判定は半壊。二度目の判定で全壊とされた。

昔かたぎだった夫は亡くなる間際になって、安代さんのことを「最愛の妻」と口にした。安代さんは全壊した家を見に行くたびに熱が出て寝込んでしまう。「元の家ば思い出したらならん。思い出してもなんにもならん」と自分に言い聞かせるが、家への思いを「捨てきらん」。地震前の宮園について聞くと、「よかとこだったなあ」とため息をついた。

家を建て直し、宮園でまた暮らしたいが、公費解体の時期が決まらない。町に問い合わせると「年内はない」と言われた。公道や隣の敷地にはみ出して倒れている家が優先されるという。

壊れた家のことをいくら考えても仕方がない。仮設は原則二年で出なければならない。新築の見通しは立たない。中ぶらりんな状況が田島さんをいっそう不安にする。

益城町が二〇一六年一〇月に発表した町民アンケートによると、八七%が「町に住み続けたい」と答えた。「町外に移転したが、戻りたい」の三%を合わせると九〇%になる。

一方、七%は町外への移転を望んだ。「すでに移転し、戻るつもりがない」町民も一%いた。

宮園地区で倒壊家屋を撤去している建設会社役員、浜崎満洋さん（四〇）は高知県四万十町から来ている。

利益を優先するなら割のいい仕事はほかにもあったが、祖母の故郷である熊本のために働こうと思い立った。熊本市近郊にアパートを借り、高知から一緒に来た三人の作業員と共同生活している。

家屋撤去の現場を訪ねると、がれきの山の前に作業員が座り、石こうボードの破片を分解する作業をしていた。ドライバーで一個ずつ、セメントと石こう、紙に分けなければならず、一軒分を処理するのに一人がかかりきりでまる二日かかるという。

益城町は、解体に伴って生じる廃棄物を一九種類に分けるよう解体業者に求めている。分別が十分でないがれきは仮置き場で拒否される。細分化された分別はリサイクルに欠かせないが、がれきの撤去が遅れる原因のひとつだ。浜崎さんは「高知はここまで細かくない」と苦笑いした。

地震で壊れた家には家財道具や、住民の思い出の品が埋もれている。重機で一度に崩すことはできず、瓦や柱を少しずつ手でよけていく。この作業にも手間がかかる。

浜崎さんが最初に解体を手がけた家の住人は音楽に親しんでいた。がれきの下から出てきた黒いケースを「娘の楽器です」と喜んだ。一方、流れ込む雨に長期間さらされたピアノは廃棄された。運ばれるピアノを母親は泣きながら見ていたという。

解体には危険が伴う。傾いた家の内部で作業中、余震が起きたこともあった。高知で起きる地震は「地響きが近づくように」だんだんと揺れが強くなる。益城は「いきなりドンと来る」。

益城の状況は高知で想像していたよりひどかった。家屋の撤去がすべて終わるまでは益城で働くつもりだ。

益城町の被災家屋から出る廃棄物は、町内の小学校跡地の仮置き場に集められる。宮園地区のある男性（六七）は被災した家を解体した際、「木の根と庭石は仮置き場が受け付けない」と解体業者に聞いた。「木の幹がよくてなぜ根がいかんのかな」と首をかしげた。

仮置き場への廃棄物搬入が本格化した八月以降、前の道路の渋滞がひどくなった。ピーク時は一〇〇台を超えるトラックが搬入の順番を待ち、倒壊家屋の撤去が進まない原因の一つとされた。

渋滞の解消に向けて町は仮置き場の運用を効率化した。

リサイクル率を上げるため、業者は廃棄物を一九種類に分別するよう求められている。仮置き場に入ったトラックは、最大で一九か所に廃棄物を下ろす。以前は通行路が一本しかなく、搬入と搬出のトラックが交互に作業していた。廃棄物の配置を変更し、通行路を二本にしたことで、渋滞は大幅に改善した。

益城町環境衛生課に話を聞いた。同課は、役場の駐車場に地震後建てられたプレハブで仕事をしている。

木の根の搬入が認められないのは、公費解体の対象が原則として地上の設置物に限られるためという。根は幹より硬く、チップへの再利用が難しいという事情もある。庭石は、重機の邪魔になるなど解体に支障がある場合は引き取っており、すべてを拒否するわけではないという。

倒壊家屋の撤去の遅れは復興の遅れに直結する。被災から立ち直ろうとしている住民の気持ちにも影響する。町は年明けに解体業者を今の約七〇班から一〇〇班に増やす。同課は「二〇一八年三月末までに撤去を終えるという目標の前倒しを目指す」と話した。

■普通の日々を取り戻す

「地震前は住むところを自分で決めることができた。今は、復興計画が決まらないと、どこに住んでいいか分からない」。半壊した家を補修して暮らしている宮園地区の男性（六二）は、町が二

○一六年一〇月に開いた復興計画骨子の意見交換会で訴えた。

町は骨子で、幹線道路の新設や県道の拡幅、住宅地における公園整備などを提案した。被災した家がこうした事業の対象地域になれば、同じ場所に家を再建することができなくなる。「被災市街地復興推進地域」の指定も影響が大きい。無秩序な開発の防止などを目的とし、家屋などの建設が二年間制限される。町の担当者は「被害状況を見ながら指定地域を検討中」と説明したが、「それが決まらないとなんにも決められない」という声が別の住民からも上がった。

町は、意見交換会を地域ごとに計七回開いたほか、さまざまな場で住民の意見を聞いてきた。ただ、行政への要望や、思い描く地域の将来像は家の被害の程度によって違うことが多い。被災地には全壊と半壊、一部損壊が混在していて、住民の総意のとりまとめを難しくしている。

宮園以外の意見交換会でも、「堤防の修復の見通しを知りたい」「用水路の修復が田植えに間に合うか不安」といった切実な声が寄せられた。「街灯が消えて、子どもの通学が危ない」という意見もあった。

町は防犯灯や公民館などの復旧に復興基金を活用するよう県に要望した。基金の一次配分案には公民館の再建支援が盛り込まれることになった。町中心部を走る県道を四車線に拡幅する方針も決まった。

意見交換会で発言した男性は「少しずつ進んでいるが、行政にやってもらうことはまだたくさんある」と話した。

宮園区長の増永さんは木山弾正《だんじょう》保存会の会長を務めている。戦国時代の益城に木山弾正という武将がいた。勇猛さで知られたが、島津氏に攻められて天草に逃げ、最後は加藤清正に討ち取られた。会は一〇月下旬、町内にある安永仮設団地を慰問し、歌と踊りを披露した。

集会所「みんなの家」に約二〇人が集まった。増永さんは立派なヒゲの由来を司会の高橋津代美さん（六七）に聞かれて説明した。全壊した家から着のみ着のままで避難所に行ったのでヒゲを剃《そ》れなかった。避難生活のことを忘れないように伸ばしたままにしている――。

高橋さんがからかった。「武者《むしゃ》んよか（かっこいい）。ケンタッキーのおじさんかと思った」

高橋さんの自宅も地震で半壊した。踊りを披露した女性（六五）の家は全壊。運営を手伝った増永さんの知人（七四）は県が借り上げた熊本市の住宅で犬と暮らす。「みんな同じ経験をしています」と増永さんが言った。会場の空気がなごんだ。

増永さんは若い頃、キャバレーでトランペットを吹いていたという。慰問では尺八を奏で、弾正の話をした。

踊りの音楽が途中で切れたり、弾正の歌のCDが再生できなかったり、段取りはスムーズではなかった。増永さんの歴史の話はたびたび脇道にそれた。

それでも席を立つ人はほとんどいなかった。参加者のリクエストで谷村新司の「昴《すばる》」と熊本県民の歌「火の国旅情」をみんなで歌った。心にしみる歌声だった。

最後まで楽しんだ九〇歳のお年寄りが「いい思い出になる」と喜んだ。集会所を管理する男性

（七八）は「歴史あり、歌あり、踊りありで素晴らしかった」と感謝した。

宮園地区を担当する読売新聞の販売店に頼み、アルバイトの中尾隆範さん（五六）の配達に同行した。販売店に借りたスクーターのライトが照らすのは、夜明け前の闇に沈む通りのごく一部だけ。昼間とは違う町のようだった。

夏ミカンぐらいの大きさの石が路地のカーブに転がっていた。地震でできた段差はあちこちに残ったままだ。配達用のスクーターは重い。ハンドルを段差に取られそうになって、強く握り直した。雨上がりで路面がぬれていてなおさら危ない。滑りやすい所は中尾さんがバイクを止め、注意してくれた。

がれきを詰めたのだろうか、俵のような大きな袋が路地の脇に並んでいた。ブルーシートに包まれた荷物や積み上げられた木箱であふれそうな車庫があった。落ちた壁が塀に立てかけてあった。

昼間は、がれきの山や倒れた家に目を奪われ、町の細部に気づかない。暮らしの再建は、地震が壊した無数のモノを少しずつ片づけることでもある。膨大な手間と長い時間がかかる作業だ。

「読売センター健軍・益城」の所長建川貢さん（五二）は「まだ新聞を取るどころじゃないという人も多い」と話した。一方で、「生活が落ち着いたらまた読みたい」と約束してくれた仮設住宅の元読者もいるという。被災地の人たちは誰もが、日常を取り戻す努力を懸命に続けている。

（二〇一六年一一月）

＊

益城町の被害　関連死を含めて四五人が亡くなり、一六六人がけがをした（二〇一六年一二月一三日現在）。三〇二六棟の住宅が全壊し、半壊と一部損壊を含めると町内の住宅の九八％が被災した。

7　南阿蘇村、高野台と袴野《はかまの》

「どこにいても地震は起こる」

■閉じ込められた！

熊本県南阿蘇村にある高野台分譲地では、本震により発生した地滑りで一六棟のうち一二棟が全壊し、四棟が半壊、五人が死亡した。二〇〇〇年にできたばかりの住宅地で、住民のほとんどは村外からの移住者。多くが高野台を去る決断をした。阿蘇の豊かな自然に包まれた静かな暮らしを地震が破壊した。

高野台分譲地は、合併前の旧長陽村が丘陵地を造成し、一六区画を販売した。若者の定住を狙い、四〇歳以下の居住者がいることが購入の条件だった。一六区画のうち一五区画を村外の出身者が購入した。春には、周囲の草地にワラビやゼンマイがたくさん顔を出した。そばの林に実を

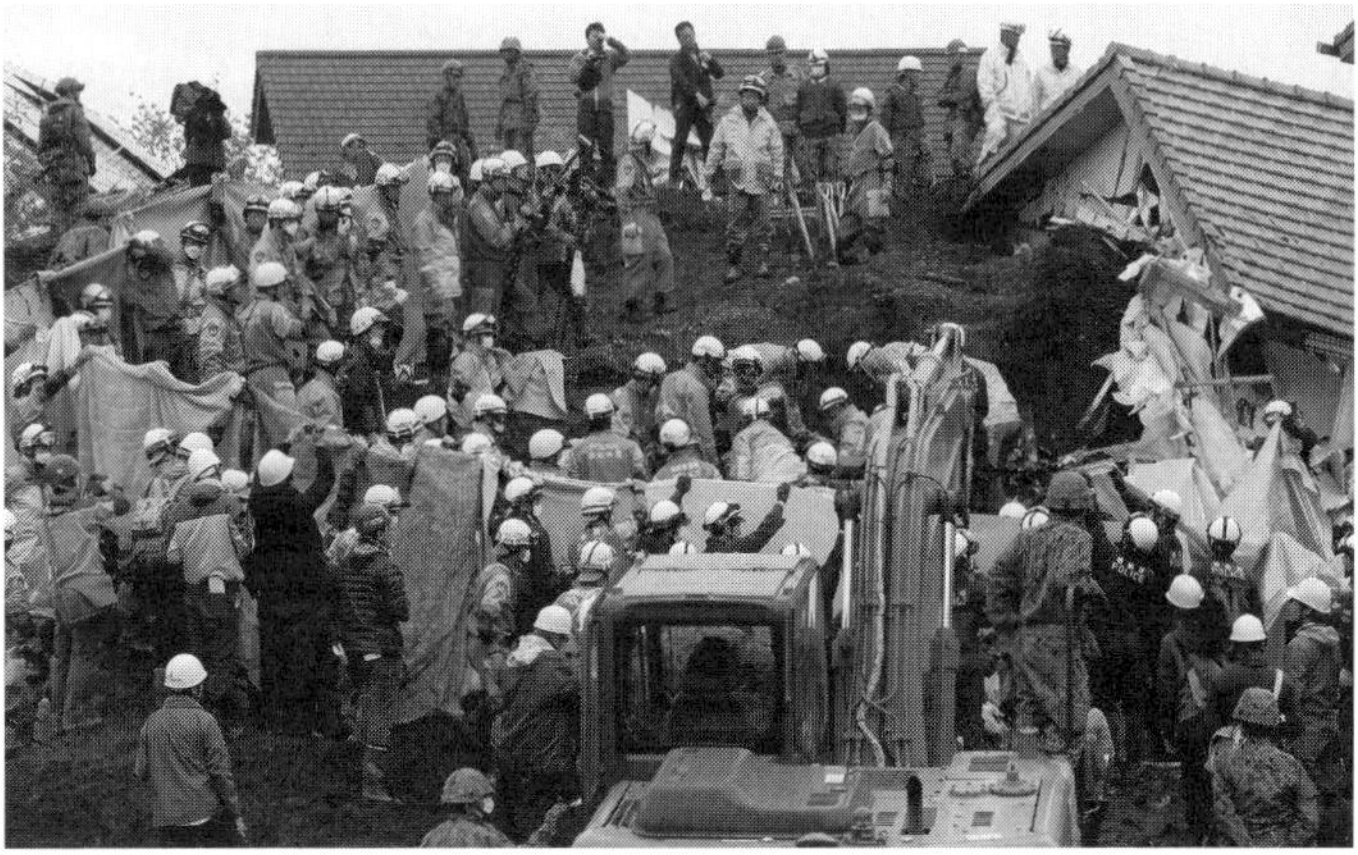

土砂に流された高野台の住民を捜す警察官ら（2016 年 4 月 18 日）＝武藤要撮影

結ぶ柿や栗は自由に持ち帰ってよかった。取りすぎた栗を誰かが黙って庭に置いていてくれていることもあった。

システムエンジニアの高橋俊夫さん（四八）が高野台分譲地に家を建てたのは三二歳の時だった。市街地と比べて土地が安く、その分だけ建物に費用をかけられた。

妻と相談して屋根は青みがかった緑、壁はベージュに塗った。天井や壁に杉板を使い、床はヒノキ。一階の和室とリビング、ダイニングキッチンは間仕切りをせず、二〇畳近い広々とした空間にした。

納得のいく家ができ、やがて二人の子供が生まれた。冬が寒く、買い物が不便なのを除けば、阿蘇の生活に不満はなかった。夜は和室に四人並んで寝た。「のんびり、ゆっくりした暮らし」だった。

二〇一六年四月一六日未明、震度六強の本震が南阿蘇村を襲った。高橋さんは防災士の資格を持っている。目が覚めてすぐに、「普通の余震じゃない」と思った。棚から物が落ち、常夜灯が消えた。障子がはずれ、窓ガラスを通して月夜に照らされた林の影が見えた。

揺れがいったん収まると、「サアーッ」という音が聞こえた。風呂場のシャワーに似た澄んだ音だった。「地震の後に雨が降るのかな」と考えていたら衝撃が来た。雷が間近に落ちたようなすさまじさだった。

無意識のうちに隣に寝ていた長女（一五）をかばっていた。「大丈夫か」と大きな声をあげた。妻子三人から返事があった。とりあえず胸をなでおろした。

暗闇の中で、そろそろと上に伸ばした手が伸びきらないうちに何かに触れた。何なのか分からなかった。上だけでなく横の方も何かでふさがっていた。高橋さんは自分たちが、つぶれた家に閉じこめられたことを悟った。家族四人が畳一枚ぐらいの空間に体を寄せ合い、起きあがることも寝返りもできなかった。

高橋さんは「体をはさまれてないか」と家族に尋ねた。「体の一部を長時間圧迫されていたら、救出の時に医者の手当てが必要」という知識があった。狭かったが、全員が体を動かすことはできた。

何も見えなかった。表面がざらざらしている物は天井の杉板、紙のような感じの物は押し入れのふすまだろうと手探りするほかなかった。ふすまを破り、その先に手を伸ばした。冷たい空気を感じた。「外につながっている。窒息はしない」と考えた。

体力を消耗しないよう横になったまま朝を待つことにした。パニックにならず、落ち着いていることが最も大切だった。「生きて出るぞ」と家族を励ました。「今、生きてるんだから絶対出られる。誰もけがをしていない。運がいい。大丈夫だ」

一番怖がっていた妻（四〇）の手を握って安心させた。長男（一二）と互いの拳をごつんとぶつけ、負けない気持ちを確認した。余震で家がさらに壊れる恐れがあることは誰も口にしなかった。妻が一度だけ、外の声が聞こえた気がして、「助けて」と大声を上げた。反応はなかった。

少し明るくなって、周りをふさいでいた天井や壁板を手で除いた。靴の代わりに娘のTシャツを足に巻き、ゆがんだ窓から外に出た。

目の前にあるはずの林が消えていた。土砂が林を押し流し、その上に屋根が載っていた。近所の家の屋根だった。

高橋さんは混乱した。「ここはどこだ」。何かとんでもないことが起きたということだけが分かった。

避難できた近所の人たちは土砂につぶれた高橋さんの家を見て口にはしないまでも、「助かってないだろう」と悲しんでいた。姿を現した高橋さんに驚き、喜んだ。

一家は今、村内の仮設住宅に住む。地震を除けばいい思い出ばかりの村を離れるつもりはない。ただ、過酷な体験をし、隣人が亡くなった高野台に戻る気にはなれない。

緒方真由美さん（四九）は本震の夜、高野台分譲地の自宅二階で寝ていた。動かない部屋のドアを無理やりこじあけ、頭から血を流していた夫（五〇）と一緒に外に出た。屋根付きの駐車場に入れていた車は無事だった。

真っ暗だった。「ライトをつけて」と運転席の夫に叫んだ。「つけてるんだけど」と夫が戸惑った。目を凝らすと、駐車場の出口が土砂で埋まっていた。出口の先にあるはずの道路が見えず、ライトがついていないと錯覚したと気づいた。土砂の壁からぽろぽろと土が落ちていた。「のまれる」という恐怖に襲われた。

車を降り、家のフェンスを壊して分譲地を脱出した。空き地に人が集まっていた。血を流している人がいた。近くの家から漏れたらしいガスの強い臭いが鼻をついた。壊れた車が鳴らすクラクションの音があちこちから聞こえた。「空襲に遭ったようでした」と振り返った。

高野台に住んだのは「村の分譲だから安心だろう」と考えたからだった。安心だと信じた土地に大量の土砂が流れ込んだ。「地震の揺れだけなら、ここで五人も亡くならなかったと思う」と緒方さんは指摘した。

村は、「地震を予期することはできず、分譲した責任は負えない」という立場だ。一方で、地滑りの跡を震災遺構として公園化する方針を決め、移転を検討している住民に跡地の購入を提案、その額を示した。

緒方さんら住民と遺族は二〇一七年六月一九日、村に隣接する大津町に集まり、対応を話し合った。一部の住民には購入額に不満があった。村が提示した額が買った時の土地の値段より低かったからだ。「生活補償を加味した上乗せ」を求める声も出た。ある女性は「高野台に行くたびに心が苦しくなる。早く手放したい」と訴えた。

南阿蘇村の高野台分譲地で亡くなった五人のうち早川海南男《かなお》さん（当時七一歳）が最後に見つかった。本震から九日後だった。

若い頃から山が好きで、福岡県久留米市の自宅から犬を連れ、阿蘇にもよく通っていた。親しくなった地元の人から高野台分譲地のことを聞き、別荘地として購入した。

建築士の資格を持っていて、山小屋風の家を自分で設計した。一階の薪《まき》ストーブを燃やすと、二階まで暖まるように吹き抜けの構造にした。お気に入りの家ができた。

会社を定年で退職し、妻（六九）が園長をしている幼稚園でバスの運転手をした。夫妻は週末を高野台で過ごし、入園式に飾るチューリップを花壇で育てた。いずれ園を辞めたら、二人で移住すると決めていた。

キリスト教を信仰していて、三人の孫も地震直前の復活祭に洗礼を受けた。三男の拓司《たくじ》さん（三九）は、「父は聖書もあまり読まず、熱心な信徒ではなかったけれど、この時はすごくうれしそうでした」と話した。

海南男さんは前震の翌日、家の被害を確認しようと高野台に駆けつけ、泊まった。その夜、本震が起き、地滑りに巻き込まれた。

拓司さんらは、父親を警察署で引き取った。遺体の写真を先に見て打ちのめされ、署では顔を

5人が亡くなった高野台に花や飲み物が供えられていた＝浦上太介撮影

見ることができなかった。拓司さんの母親は地震の後、高野台に一度も行っていない。

突然いなくなった父親に対して拓司さんは、「死に際まで全部、（人生を）自分で組み立てていたんじゃないか。みんな残して、勝手に逝ってしまって」という気持ちになった。「無念だろうなあとか、かわいそうにといった感じではないんです。ちょっとひどいですけど」。少し考えて続けた。「そう思わないと、耐えられないのかもしれないですね」

松岡一雄さん（七二）、浩子さん（六九）夫妻は高野台分譲地に住み続ける決断をした。「地震は大変だったけど、よそに住もうとは思わん」と浩子さんは言う。

半壊した家を修理し、地震から約半年後に戻った。一六軒のうち、同じ決断をしたのはまだ他に三軒だけだ。分譲地の背後の斜面には、五人の命を奪った地滑りの跡が深々と残る。

「みんなから、『こんな所によく住んどるですね』と言われる。でも、考えてもしょうがない」と一雄さんは笑った。浩子さんも、「どこにいても地震は起こる」と言った。

移住前は熊本市で菓子製造の会社を経営していた。阿蘇の野外ライブや温泉に行くうち、住みたいと考えるようになった。分譲地を一七年前に購入し、夢をかなえた。

ただ、最初に希望した区画は買えなかった。その土地に建った家は地震で土砂に流され、住んでいた人が亡くなった。本震のあった日は、夫婦で旅行に出発することにしていた。一雄さんは前の晩、ふだんと違う部屋に寝た。いつもの寝室だったら重い家具の下敷きになっていた。第一志望の区画を買えず、いつもと違う部屋に寝たという偶然が命を助けた。

二人は地震があった後も、高野台に住んだことを後悔していない。これまでにも十分、阿蘇の自然や温泉を楽しんできた。

浩子さんは、花壇の世話をするため避難所から家に通った。チューリップやクロッカスが再び花を咲かせた。地震で衰え、心配した庭のサンショウも元気を取り戻した。

浩子さんが言った。「うちの二階から外ば見てみんですか。ここに住もうという理由が分かってです」

二階のベランダからは、阿蘇の外輪山が見えた。よく晴れた日には、島原半島の普賢岳が眺められる。「誰（だい）でも、『この風景はぜいたく』って言わすですね」と浩子さんはにこやかに話した。

■戻りたいけれど……

地震から一年二か月が過ぎ、南阿蘇村でも復興が進む。ただ、被害の程度や歴史、住民の考え方の違いなどによって、直面している課題や進む方向は集落ごとに異なる。

高野台から車で約一〇分の山の中に、やはり壊滅的な被害を受けた袴野《はかまの》という地区がある。こちらは少なくとも江戸時代中期から続く古い集落で、「筑後の立花家の元家臣が移り住んだ」という言い伝えが残る。

袴野では元日、公民館に料理を持ち寄り、みんなで新年を祝っていた。菅原道真をまつる小さな神社があり、外輪山に沈む夕日が美しかった。温泉が湧き、地元の人たちは安い料金で入浴できた。

一三棟あった家屋は地震ですべて全壊か半壊した。集落にある墓地の墓石も軒並み倒壊。家の撤去が進み、更地が広がっている。神社も温泉施設も解体された。

袴野に今も住んでいるのは牛を飼っている一軒だけだ。他の住民は、村内の仮設住宅などで暮らす。区長の古庄《ふるしょう》則光さん（七九）は、「ほとんどの住民が帰れるものなら帰りたいと思っている。ただ、家の再建には金がかかる。最終的に戻るとは三、四軒かもしれん」と悩む。

隣町のみなし仮設住宅に移った高野誠さん（六一）は袴野で生まれ育った。二〇一六年三月末、

袴野地区の高台で、「地震前は、もっと多くの屋根がここから見えた」と話す高野誠さん＝浦上太介撮影

定年で村役場を退職。親から受け継いだ田の世話をしながら暮らすつもりだったが、定年から一六日後に本震が起きた。土木関係の仕事が長かった高野さんは「復興に協力してほしい」と村に頼まれ、再雇用に応じた。

最初に取り組んだのは水道の復旧だった。地震で崩れた土砂が川の水源を埋め、送水管を寸断していた。自衛隊の力を借りて水源を確保し、ホースで仮の水道管を地上に引いた。

国道が走る阿蘇大橋が落ちただけでなく、小さな道もあちこちで被害を受けた。道路をふさいだ土砂を周辺に積むには、土地の所有者の協力が必要だった。書面を交わす余裕はなく、口頭で了解してもらった。村で生まれ育ち、仕事をしてきたことが役立った。

高野さんは、袴野の半壊した家を修理し、週末だけ一人でそこで過ごす。いずれ家族と袴野に戻るつもりだが、「昔のように地域のみんながそろって正月を迎える日が来るだろうか」という不安は消えない。

高野さん以外に帰ることを決めた住民はまだ数軒だ。袴野は急な傾斜地にあり、二本の川にはさまれている。地震で川に流れ込んだ大量の土砂の撤去が終わっていない。大雨で土砂がさらに崩れ、川をせき止めれば、氾濫の恐れがある。家の再建費用の負担に加え、「災害にまた襲われるかもしれない」という不安が住民に帰還をためらわせている。

「本当はみんな帰りたい。ただ、住民とたまに会っても、『袴野を再建しよう』という前向きの話にはなかなかなりません」。高野さんの表情が曇った。

後藤司人《もりと》さん（六二）は袴野で、「蘇峰《そぼう》温泉ゆうやけ」を経営していた。地震で営業を中止して数週間後、湯をくみ上げるポンプのスイッチを入れてみた。粘り気のある真っ黒い水がどっと噴き出し、すぐに以前と変わらぬ透明の熱い湯に変わった。「ああ、出るな」と思った。

ところが、施設の外に出ると、地震で生じた地表の亀裂に湯があふれていた。地下の配管にヒビが入ったらしい。ポンプを動かし続ければ、緩んだ地盤の崩壊がさらに進む恐れがあった。「ゆうやけ」の施設は地震で半壊し、再建のための資金のあてはなかった。地震後、体調を崩したこともあって再開を断念。一部を残して施設を撤去した。長く続けてきた「ゆうやけ」が壊されるのを見るのはつらかった。

亡くなった義父が約二〇年前、田に水を引くためにボーリングすると、熱い湯が湧いた。熱すぎて田には流せなかった。義父は数年後に「ゆうやけ」を建て、後藤さん夫妻に経営を任せた。女湯が七、八人、男湯は四、五人でいっぱいになる小さな施設だった。浴場は毎日念入りに掃除し、湯を入れ替えた。「うちの温泉は特徴がない。せめて、きれいな風呂に気持ちよく入ってもらおう」と考えていた。交通の不便な袴野の温泉に年間約二五〇〇人が訪れるようになった。地震直前の三か月は、その数字を上回る勢いで客が増えていた。

袴野にあった自宅も全壊した。避難所にいた後藤さんら家族を常連客が差し入れなどで助けてくれた。彼らは「ゆうやけ」の閉鎖を残念がった。閉鎖を知らない人たちが今も時々、やって来る。

後藤さんの長男（三一）は障害があり、自傷行為が激しい時期もあった。「その時の苦しさに比べれば地震はそれほどでもない。神様もご先祖様も、お前たち、もうゆっくりしていいぞって言ってる気がする。やめどきを地震という形で示してくれたんでしょう」と話した。

松本幸枝さん（四六）は九年前、熊本市から家族で袴野に引っ越した。戦前に建った古くて立派な家を買った。「いつか阿蘇に住みたい」という長年の願いが現実になった。

家は地震で大きく傾き、全壊と判定された。いったんは村に撤去を申請したが、取り下げた。地盤が緩んでいて、修理しても住める保証はない。ただ、解体すれば、愛着のあった家がただのゴミになってしまう。悩んだ末、「時々泊まりに行くだけでもできるようになればいい」と考え直した。

地震後は熊本市に避難した。親戚や知人は口をそろえて「市に残れ」と言った。ただ、三人の子供たちが村に帰りたがった。中学三年生だった長女（一五）は、「友達に会いたい」と泣いた。「だったら私も腹をくくる」と思った。地震直前の転勤で県外に単身赴任していた夫（四六）は「決めたのなら任せる」と同意してくれた。村に帰り、みなし仮設住宅を借りた。

松本さんは、「地震が起きた時、袴野にいてよかった」と振り返った。夫が不在の家族を近所の人たちが心配し、逃げるのを手伝ってくれた。一方、熊本市の避難所では、「個人の力でなんとかしなさい」といつも言われている気がした。水の配給に並ぶ人たちは黙り込み、ぴりぴりしていた。「安心感が村と全然違う」と思った。

袴野の子育ては「野放し」だった。知っている人ばかりで、車はほとんど来ない。子供たちは森を探検し、いろんな山菜を見つけてきた。友達を呼び、「おばけ屋敷」をして遊んだ。川では魚が釣れ、温泉に歩いて通った。近所の人たちから時々、野菜や漬物が届き、お返しにケーキを焼いた。

「居心地がいいんですよね。袴野のすべてが。家族みんなの思いがあの家にある」。松本さんはしみじみと話した。

古庄《ふるしょう》広義さん（七九）と妻のセイコさん（七六）は袴野集落に今も住んでいる。二人は六〇年近く袴野で牛を飼っている。

古庄夫妻もしかし、袴野を出る相談をしている。集落の背後の山の地盤が地震で緩んでいて、崩れるのではないかという不安がある。古庄さんの家は集落の一番上。セイコさんは「やっぱりもう、ここは無理。大雨が怖い」とつぶやいた。

古庄さんを含め、袴野の人たちの大半が兼業で米を作っていた。用水路や畔《あぜ》が地震で壊れ、地震の年から二年連続で田植えはできなかった。それでも袴野の人たちは避難先から棚田に通い、雑草を刈り、畔を直して、来年はできるかもしれない田植えに備えている。

高野誠さんも週末には袴野に戻り、田の手入れをする。来春には役場を辞め、農業に専念するつもりだ。「先祖から受け継いだ田畑を残さないといけない。そんな使命感をみなさん、持っている」と話す。

袴野では、土地と深く交わる暮らしが長年続いてきた。ここで生まれ、大きくなった人たちが親密なつきあいをしていた。よそから来た家族を温かく受け入れるおおらかさもあった。

高野台分譲地は、新しい町の歴史が始まったばかりだった。阿蘇の自然を楽しみ、互いにほどよい距離を保ちながら交流していた。

他の被災地と同じように、袴野と高野台も、再生に向け、懸命に努力している。ただ、どちらの集落も、住民が大きく減るのは確実だ。地震は居心地のよかった集落を壊した。元の暮らしがそのままの姿で戻ってくることはない。

（二〇一七年六、七月）

8　仮設団地をつくる

「一番大事なのは、
住んでいる人が孤立せず、
新しい共同体が生まれること」

■狭いながらも……

関西学院大学の学生ボランティア約二〇人が二〇一六年一一月中旬、熊本県益城町の木山仮設団地を訪ね、郷土料理のダゴ汁を住民と作った。団地の集会所「みんなの家」の前に机を並べ、粉をこねて団子にし、野菜を刻んだ。

太いゴボウをひたすら乱切りにしていた女子大生が「首が痛い」と悲鳴を上げた。仮設団地のおばさんは手を休めず、「なんば言いよっとか。若かもんが」と笑って励ました。

「お嫁に行ったら一日中台所に立っとかなんとかいけん」とおばさんは続けた。「そうそう。正月とか、盆とかいっぱい人が来て」と別の女性。「作って、食べさせて、食器を洗ったらすぐにまた次を作る」。地震前にあった暮らしのことを女性たちは楽しそうに話した。

屋内の流し台では、米村盛子さん（八一）と女子学生（一九）が並んで黙々と里芋の皮をむいていた。

米村さんは、役場近くで食料品店を夫と営んでいた。自宅を兼ねた店は地震で全壊。避難所で四か月過ごし、木山仮設に移った。

仮設団地に住めるのは原則として二年間。自宅の再建について米村さんに聞くと、「主人が九〇歳。私が八一歳。建ててすぐ死んだらどうしようか」と口にした。横から学生が「余裕余裕。死ぬと言う人の方が長く生きる。大丈夫」と明るく言った。

ネギの刻み方のコツを覚えた学生は、「お母さんのびっくりしなる」と褒められた。会話があちこちで弾んでいた。

やはりボランティアでやって来た東京のジャズバンドが演奏を始めた。にぎやかな音楽に誘われるように団地の住民が集まり、準備した一五〇食があっという間になくなった。

植村鎮男さん（七五）は八月上旬、木山仮設団地の２ＤＫに長男と入居した。七部屋あった家は地震で全壊した。仮設の部屋に入ってすぐに「狭い」と思ったが、「そぎゃんことは忘れよう。世話になるとだけん」と考え直した。

木山仮設団地の一室でくつろぐ植村鎮男さん。2DKに長男と2人で暮らしている＝中島一尊撮影

地震の後は、家の物置を改造してしばらく住んだ。仮設には、足は伸ばせないにしろ風呂もある。近所の人たちは男二人の暮らしに手料理を差し入れてくれる。「あんまり欲言うといかんばってん」と前置きし、トイレが温水洗浄便座でないことを「朝から冷たい」と笑った。

植村さんは、先祖から受け継いだ畑を木山仮設の敷地の一部として提供した。仮設の居住は原則二年。もとの畑に戻し、返してもらうことになっているが、「延びるですよ」と予想した。木山仮設には二二〇戸に約五七〇人が暮らす。全員が次の居場所を二年で見つけるのはおそらく無理と考えている。

熊本の仮設住宅は、阪神と東日本の震災の教訓を随所に生かした。

窓は床に届く「掃き出し窓」とし、ぬれ縁を置いた。お年寄りが歩きやすいように玄関にスロープを設置。すべての部屋の壁は遮音に優れた素材で、断熱材が入っている。同じ地区の人たちができるだけ近くに住めるよう工夫もした。

ただ、仮設はやはり狭い。あるお年寄りは、子供が買ってくれたベッドが部屋の半分以上を占めてしまい、「お客が座る場所もない」と困っていた。

熊本大が益城町の仮設住宅で実施した調査には、「避難所の方が他の人と仲良くできていた。今は孤立している」「遅れて入居したので集まりに行きづらい」という声が寄せられた。「水はけが悪い」「軒先が雨漏りした」「日用品を買える店が遠い」といった苦情や不満もある。住民は、急ごしらえの団地で不便さを感じながら暮らしている。

益城町には、県内の自治体で最も多い一八団地計一五六二戸の仮設住宅が建てられた。広い土地の確保が必要だったことから団地の多くは郊外にある。木山仮設団地の周囲も畑だ。

入居が始まって約四か月が過ぎた。住民は、ボランティアらの助けを借りて仮の住まいの生活を少しでも快適にしようとしている。

木山仮設団地の軸丸雅子さん(七三)に近所の女性から電話があった。「せっけんがないんよ。買うの忘れて。今、(夫が)風呂に入ったんだよね」。

「持って行く」と答えたものの、新しいせっけんがすぐには見つからない。「まあいいや。うちの風呂んとで」と使いかけを女性に渡した。

別の日には軸丸さんが、ブロッコリーを食べようとしてマヨネーズがないことに気づいた。隣が留守だったので、その先の部屋の住人に頼んで皿に分けてもらった。長男はそんな近所づきあいを「昭和の暮らし」と言う。

軸丸さんの父親はフィリピンで戦死した。母親は益城町で軸丸さんを苦労して育てた。昔の益城には住民同士のこまやかな気遣いと親密さがあった。「仮設の生活はその頃の益城のよう。ここはいいなあって私は思いますね」と軸丸さんは話す。部屋で話を聞いていると、地震の後、避難所で過ごしていた時に知り合ったという女性たちが遊びに来た。

水上《みなかみ》千代美さん（七五）は木山仮設で、カーネーションやホウセンカ、シンビジウムなどを育てている。約七〇個の鉢とプランターが部屋の周囲に並んでいた。野菜もあった。小松菜を五、六本摘んでみそ汁の具にする。近所にもおすそ分けし、喜ばれている。

水上さんの育てる草花のほとんどは、地震で壊れた屋敷から移したものだ。鉢に入れている土も運んだ。風蘭《ふうらん》に触れながら、「花が咲くと、ものすごく高貴な香りがする。屋敷いっぱいに香りが広がった」と懐かしんだ。

今の時期に咲いているのはシクラメンぐらいだが、春になれば、さまざまな植物が花をつける。水上さんは、手塩にかけた草花が仮設の人たちの心を和ませる日を楽しみにしている。

国際的に活躍する建築家の伊東豊雄さん（七五）は熊本地震の直後、熊本県土木部の会議室で、仮設団地の図面に手を入れた。

図面には、六戸が棟続きになったプレハブ棟がずらりと並んでいた。伊東さんは、一棟を二〜

四戸に減らし、間に細い道を通すことを提案した。一棟の戸数を減らせば、比較的住みやすい角部屋も増える。当初の図面で団地の隅に置かれていた集会所を真ん中に移したうえ、一か所だった駐車場を増やし、できるだけ部屋の近くに持っていくことにした。

伊東さんは、提案の狙いを「単なる仮設の団地ではなく、ささやかでもひとつの新しい町を造りたい」と説明した。「何もないところに造るわけですから既存の町よりもいい町にできる可能性がある。一番大事なのは、住んでいる人が孤立せず、新しい共同体が生まれること」と話す。

集会所「みんなの家」も伊東さんの発案だ。六二の仮設団地に計八四棟を熊本県が建設している。温かみを感じさせる木造の建物で、縁側や畳の間、調理施設を備える。使い方は住民が自由に決め、宴会を開いてもかまわない。

熊本県は、風土を生かした優れた建築物を増やそうという「くまもとアートポリス」事業を手がける。伊東さんは、そのコミッショナーを務めている。

最初の「みんなの家」は東日本大震災で、アートポリス初の県外事業として仙台市の仮設住宅に建てられた。二〇一二年に熊本で発生した豪雨災害でも阿蘇の仮設団地に二棟が建った。

伊東さんは一二月三日、益城町の木山仮設団地で県が開いた「みんなの家」の完成式典に出席した。女性たちがそこで、楽しそうに料理している姿を見て、「本当にうれしい。みなさんが新しい生活を立ち上げるまでお手伝いしたい」と笑顔であいさつした。

木山仮設では週に五日、「黒潮市場」（熊本市）の移動販売車が店を開く。車はスピーカーから流

仮設住宅の住民に喜ばれている移動販売車＝岩永芳人撮影

れる軽快な音楽に乗って到着する。録音された女性の声が「黒潮便でーす。よかもんどっさり。いらっしゃい」と元気に呼びかける。

　最初にやって来たお年寄り（七九）は、「部屋の前に車が止まるから出てこんと悪い気がする」と話し、食パンとチョコレートとトマトを買った。「卵、高いな」という女性には、運転してきた社員宮本邦彦さん（五八）が「普通よ」と応じた。「これも、いっちょもらう」と別の女性が和菓子を手に取った。宮本さんは、三九八円のハマチの刺し身を「大きくてお得だよ」と勧めていた。

　黒潮市場の移動販売車は、隣の御船町の店で一〇〇種を超える商品を積み、益城町内の七つの仮設団地を回っている。値段は店と同じだが、利用者は七団地すべてを合わせても一日平均で三〇人弱。生鮮食品を冷蔵する軽トラックは燃費が悪く、人件費を含めると黒字にはとてもならない。

益城町内の黒潮市場の店は地震で壊れ、駐車場に建てたプレハブの仮店舗で営業している。同社は、「移動販売は被災した人たちへの恩返し」と話した。

ただ、移動販売は品数が限られ、買える時間が決まっている。熊本大の調査では、仮設に入る世帯の一五％は車を持っていない。車があっても通勤用で、昼間の買い物や通院にはバスを利用せざるをえない人が多い。

木山仮設に住む大塚ナオミさん（六八）は約一・五キロ離れたスーパーまでショッピングカートを押して行き、四、五日分をまとめ買いする。片道約二〇分かかるが、「バスに乗ると往復で三〇〇円かかる。その分何か買った方がいい」と笑った。

■もとの土地に戻れるか

吉村六行《むつゆき》さん（八〇）、サチヨさん（七六）夫妻は地震で壊れた宮園地区の家を再建することにした。着工は二〇一七年一月中旬。自分たちが住み慣れた場所に戻ることで近所の人たちが帰って来るかもしれない。その「呼び水」になりたいと考えた。

仮設に入居したばかりの頃は再建を急ぐことはないと思っていた。独立した三人の子供たちが「早《は》よ建つっと、宮園の者《もん》が戻るばいた（だろう）」と夫妻の背中を押した。費用の一部の負担も申し出てくれた。六行さんは「みんな親孝行と思うです」とうれしそうに言った。

六行さんは宮園で生まれ、宮園で育った。晴れた日には家から雲仙が見えるほど眺めがよく、静かなところだ。木山仮設には知り合いが多く住んでいる。サチヨさんは「戻るとかえって寂しいかもしれん」と心配するが、「やっぱり宮園が一番よか」と六行さんは言う。

熊本大の調査では、益城町の仮設の住民のうち五九％が「震災前と同じ場所に家を再建したい」と希望した。一方、自治体が建て、比較的家賃が安い災害公営住宅（復興住宅）への入居を望む住民も一五％いた。

家の再建には多額の費用がかかる。サチヨさんの知人の一人は「もう年寄りだけん、今から家を建てて、全部銭ば使《つこ》うてしまうなら、後でどぎゃんなるか分からん」と迷っているという。

菅克成さん（七六）も再建費用に頭を悩ます一人だ。

家が全壊しただけでなく、土台の擁壁が隣家や里道に崩れ落ちた。擁壁の復旧だけで別の土地が買えるぐらいの費用がかかる。公的な助成について町に相談したが、条件が合わなかった。高齢の知人は「家を建てるより旅行したり、おいしいものを食べたりした方がいい」という意見だ。

菅さんは「どうにもならなければ復興住宅に行くかもしれない」と考え込んだ。

熊本県益城町の木山仮設団地を担当する地域支え合いセンター相談員林和美さん（五〇）は、体調に不安のある独り暮らしの男性に緊急ブザーを持ってもらった。ブザーは警備会社が仮設の高齢者に無料で貸与している。

る。

木山仮設にはセンターの六人が常駐。このうち四人が団地を毎日巡回し、住民の話を聞いている。

山本誠司さん（四二）の巡回に同行した。あるお年寄りは「この年になってこんなことになるとは……。今までがあんまり楽過ぎたんでしょうね」と嘆いた。別の女性は自分の口を指して、「元気なとはここだけ」と笑った。

入居が始まって四か月。山本さんは「仮設は『家』として十分機能している」と指摘した。避難所と違い、ちゃんとした食事が取れ、自分の部屋を持つことでストレスが減った。仮設に暮らすうちに顔色がよくなり、よく話すようになったお年寄りも多いという。

相談員は孤独死や自殺を防ぎ、生活の再建に向けて住民に助言する役割も期待されている。収入や健康や生きがいといった個人的な事情も聞き取って支援に生かす。林さんが言った。「家の再建が決まった人をうらやましく思っている住民もいる。人間にはいろんな感情があるから、それがひずみにならないようにしないといけない」

熊本県は一一月中旬、益城町福富にバリアフリーの仮設住宅を六戸完成させた。

他の仮設の部屋より約一・三倍広く、段差が少ない。アコーディオンカーテンで部屋を仕切ってあり、車いすの移動や介助が楽にできる。洗面台や流し台、照明のスイッチなどは低い位置につけた。浴室の床の表面を滑りにくいように加工し、トイレの便座には背もたれがある。

地震の後、病院や避難所を転々とした作本誠一さん（五〇）は「ここに来てやっと落ち着くことができた」と喜んだ。一九歳の時にスレートぶきの作業中に屋根から転落し、頸椎《けいつい》を損傷して以来、車いすで生活している。

避難所にはシャワーがあったが、介助者がおらず、デイサービスの風呂に通った。普通の仮設住宅への入居も検討したが、出入り口は車いすがやっと通れる幅しかなかった。トイレや風呂も狭すぎた。

細かな配慮がされているとはいえ、バリアフリー仮設にも不便さはある。縁側の周りは砂利敷きで車いすが動けない。部屋の前の通路に屋根がなく、雨の日は困る。洗面台の下の空間が狭く、足がつかえる。「この仮設の住み心地を広く伝えることが次の震災に備えることにつながる」と作本さんは話す。

車いすで使いやすいように低く作られた洗面台と作本さん＝岩永芳人撮影

せっかくのバリアフリー仮設だが、二戸がまだ空き家だ。町によると、「常時車いすを使っている」などの条件に合う入居希望者がいないという。

作本さんは「既存の仮設で不自由な生活をしている障害者は多い。ただ、一度入居すると移りにくいし、地域の知人と離れたくない人もいる。バリアフリー仮設ができるという情報がもっと早く伝わっていれば違ったかもしれない」と残念がった。

木山仮設団地で取材している時に、五歳ぐらいの男の子が三人、自転車に乗ってやって来た。一人は「ぶつかる、ぶつかる」とふざけながら私のすぐ脇を通り過ぎた。二人目は目の前で急停止し、自転車を放り出して飛んでいる虫を追いかけ始めた。最後の一人はそれを見て、あわてて自転車を止めようとして転んで泣いた。木山仮設で子供たちは元気に遊んでいる。

尾崎善隆さん（三六）、清美さん（三二）夫妻は、一三歳の長女から八か月の三男まで、男の子三人と女の子五人の計八人を仮設で育てている。

仮設では一番広い３Kを二つ提供された。地震まで住んでいたアパートの２DKより広いが、行き来するにはいったんドアを出ないといけない。一つは子供の遊び場にし、もう一つで料理を作り、家族そろって寝ている。

アパートでは、幼稚園や小学校から帰って来た子供たちは部屋で過ごすことが多かった。仮設には、同じ年頃の子供がたくさんいて、毎日外を走り回っている。やんちゃが過ぎて四歳の次男が近所の人の金魚をペットボトルに入れて持って来たこともあった。清美さんは「なんかあるたびに謝りに行かなならん」と笑って言った。ボランティアの学生が子供たちと遊んでくれるのも助かっている。

少し心配なこともある。四女の優音《ゆいね》ちゃん（三）が元のアパートの前を通った時に、「自分たちのおうち」とつぶやいた。仮設を自分の家とはまだ思えないようだった。

後藤拓己君（七）は益城中央小に入学してすぐに地震が起き、避難のために転校した。木山仮設に家族で移り、中央小に再び通えるようになったが、母親の智子さん（三一）は「仮設はいずれ出ないといけない。また転校だと大変」と心配した。

福岡県のボランティア団体が一二月一一日、木山仮設で餅つき大会を開いた。住民らは約六〇〇キロのもち米を臼でつきあげた。もうもうと湯気をたてるつきたての餅を丸めていた女性（六七）が「仮設に来て毎日が楽しい」と話した。

女性が経営していた美容室と自宅は地震で全壊した。夫婦で福岡県大牟田市に移ったが、寂しさが募り、四キロやせた。八月に来た木山仮設は顔なじみが多い。「みんなの家」で開かれる毛糸編みの講習などに参加するうちに体調が戻った。

熊本の「仮設の生活」はまだ始まったばかりだ。

住民は仮設を出た後の生活に不安を抱える。さまざまな配慮がされたとはいえ、仮設は狭く、買い物は不便だ。いずれ住民が減れば、自治会の維持も難しくなるだろう。

一方で、避難先から益城に戻った人たちは地元の知人と一緒に暮らせることを喜んでいる。ボランティアの熱心な活動は住民に歓迎され、行政による支援の仕組みも整えられた。

自宅が全壊し、八月に木山仮設に来た菅克成さんは趣味の川柳で会心の一句ができた。

新婚のように卓袱台《ちゃぶだい》出す仮設

菅さんは、狭い仮設住宅で、五三年ぶりという夫婦二人の生活を楽しんでいる。

（二〇一六年一二月）

＊

熊本の仮設住宅　熊本県は二〇一六年一一月中旬までに、一一〇団地計四三〇三戸の仮設住宅を一六市町村に完成させた。約三四六億円の建設費のうち約九割は国が負担。全体の一六％にあたる六八六戸が木造で、他はプレハブ住宅。半壊以上の被災世帯が六月に入居を始め、同年一一月二九日現在、一万九八二人が住む。１ＤＫが二人まで、２ＤＫは二～四人、３Ｋは四人以上を目安とした。

9　仮設団地から自立する

「笑えるようになったのはやっと今頃。
地震の後はとても笑えんかった」

■不満は言わない

熊本県益城《ましき》町と御船《みふね》町の仮設団地に暮らす計三五人が二〇一七年一一月二九日、同県人吉市の旅館に泊まった。熊本ＹＭＣＡが住民の交流を深めるために企画した一泊二日のバスツアーの参加者たちだ。

宴会場で夕食を取りながら自己紹介があった。木山仮設団地の坂田成喜さん（六六）が冗談交じりに言った。

「仮設の風呂は上等です。全自動でお湯が沸く。だけど小さい。ここの風呂は足を伸ばせるので、たいへんありがたい」。くつろいだ浴衣姿の人たちがどっと笑った。

坂田さんの部屋は五畳と台所の1K。妻と二人暮らしだが、服の置き場にも困るほど狭い。一方で、近所の人たちとの昔の長屋のような親密なつきあいを楽しんでいる。「お互いに地震でたいへんな目にあった」という連帯感がある。

夕食の際に坂田さんの隣に座った本郷俊広さん（六四）もやはり1Kの部屋に妻と二人暮らしだ。

本郷さんは押し入れで寝ている。頭がつかえそうになるので体を丸めて眠る。長くても三時間ぐらいすると目が覚める。妻を起こさないよう静かに部屋を出て、台所でしばらく本を読む。「不満は言わない。みんな同じだから。言えば自分たちがみじめになる」と口にした。

御船町の西往還仮設団地に住む農業光永則幸さん（六八）は計一三ヘクタールの田畑で作物を育てている。田畑には仮設から通う。

一緒に暮らす二歳の孫は前震が起きた時に寝ていて、たんすが間近に倒れてきた。紙一重で助かったが、自宅は全壊した。

倉庫も全壊し、今は農機具が雨ざらしだ。住む場所は仮設でとりあえず間に合う。自宅より倉庫を優先して再建することにした。多額のローンを後継ぎの長男と返済していくことになる。「銭はいくらあったっちゃ足りん」と笑った。

宴会場では夕食が終わり、カラオケ大会に切り替わった。廊下でたばこを吸っていた光永さんがわき起こる歓声や拍手を聞きながら言った。「みんなよく笑うでしょ。笑えるようになったのはやっと今頃。地震の後はとても笑えんかった」

仮設団地では普通の人たちが普通に暮らしていて、外の生活とそれほど大きな違いがあるわけではない。ただ、住民はすべて地震の被災者で、遠くない時期にみんないなくなる。団地そのものもいずれ消える。

バスツアーに同行した熊本ＹＭＣＡ職員中村美穂さん（三三）は、お年寄りから「美穂ちゃん」と親しみを込めて呼ばれていた。

中村さんは益城町に生まれ育った。熊本地震は、保険の外交員を辞めた後、求職中に起きた。家の一部が壊れ、車中泊を経験。全国から来たボランティアらの活動に心を動かされ、ＹＭＣＡが益城町で運営していた避難所で働き始めた。

避難所では、子供たちの遊び相手になり、勉強を教えた。今は、御船町の地域支え合いセンターで働いていて、仮設の部屋を毎日訪ねる。住民の健康に気を配り、生活再建に向けた相談に乗るのが仕事だ。

狭い部屋でプライバシーを確保する難しさなど仮設の暮らしにはさまざまなストレスがある。ただ、居心地のいい場所になりすぎても良くないと思う。自立しようという住民の意欲に影響するからだ。

住民たちが宿泊した旅館のロビーで、「仮設の方が以前住んでいた所よりいいという人が一部にはおられる。そうした方々に新しい生活のことを考えてもらうのは難しい。仮設の暮らしが長くなるほど、大変になる」と心配した。住民の自立を見届けたいという思いは強い。

ＹＭＣＡのバスツアーは、仮設や地域のリーダーとなる人を見つけ、育てるという目的もあった。参加者はグループに分かれ、班長を選び、観光や食事を一緒にした。

うまくいかないこともあった。趣味や好みを互いに聞き取って、相手のことを説明する「他己紹介」は難しすぎたのか、できなかった。バスで移動中にしたゲームや歌は、男性のノリが悪かった。

それでも参加した人たちは、益城と御船という町の違いを超えて親しくなった。旅の終わりに手を握り、「楽しかったね」「頑張ってください」と別れを惜しんだ。

益城町の木山仮設団地で一人暮らしをする大盛千代子さん（八四）は三匹の三毛猫を飼っている。

窓の隙間に爪を入れ、無理やり開けて外に出ようとする猫の名はミィー。自分では開けられず、「外に出る、出る」と鳴いてばかりの猫もミィー。頭やノドをなでられるのが好きな三匹目もミィー。全部「ミィー」だが、大盛さんも猫も特に困ることはない。

大盛さんの自宅は前震で全壊した。築六〇年を超える古い家だった。「ジャーンってつぶれました。ギィとも揺れはせん。ものすごい。ギィともいわんで、ジャーンって」

怖くはなかった。怖いと感じる余裕がなかった。土壁が崩れ、竹の骨組みが見えた。落ちて来た何かに足を押さえられ、動けなかった。

地震までは家で一〇匹ぐらいの猫の世話をしていた。動けない大盛さんのそばで一匹が訴えかけるように鳴いた。「ニャーンって言うたけん、『待て待て、ばあちゃんも、はさまっとる』って（返事した）」と笑った。

どうやって助けられたのかはよく覚えていない。しばらくしてそのうちの一匹が死んだ。自分の身代わりだったかもしれないと思う。残った猫は近くに住む娘が面倒をみている。

木山仮設団地で３匹のミィーと暮らす
大盛千代子さん＝中島一尊撮影

町内の体育館で四か月過ごし、仮設に入った。近所の猫にエサをやっていたら、若い野良猫が寄って来た。その猫が春にミィーたちを産んだ。

母猫と三匹のミィーには不妊手術をした。費用は、わずかな年金から工面した。猫がいれば寂しくはない。ただ、仮設はいずれ出なければならない。できれば、知人がたくさんいる以前住んでいた所に戻りたい。

「小《こま》か家でん、よかけん。いくらで、できるやらと思いよるです。猫も、ぬれんごつ、寒《さむ》なかごつ、せにゃんと思いよるです。やっぱ、猫好きも、やめられんもんなあ」

仮設団地の暮らしにストレスを感じているのは大人だけではない。益城町・木山地域支え合いセンターの日野充裕所長（五八）は「子供たちも部屋では、隣近所の迷惑にならないよう静かにしていなければならない。遊ぶ場所も少ない」と心配する。県内一一〇か所の仮設団地に子供の遊び場は作られなかった。

ある仮設団地の自治会長によると、一年ほど前に四、五人の子供たちが近くのビニールハウスに勝手に入って苗にいたずらし、保護者が農家に謝罪したことがあった。子供のいたずらと疑われる出来事が他にもあり、一時は頭を悩ましたという。

学校法人松本学園（熊本県玉名市）などは県の委託を受け、仮設の子供たちを対象に八か所で学習支援教室を実施している。計六六人の児童、生徒が登録し、好きな時に教室に来る。同学園の舩田《ふなだ》幸昌さん（六二）は「仮設は狭くて、子供が一人で勉強する空間を確保するのが難しい」と指摘した。

学校でも家庭でもない子供たちの「居場所」をつくることも支援教室の目的だ。地震後、不登校になったが、この教室には来るという生徒がいた。

益城町・テクノ仮設団地の教室では、広安西小一年の野内優希さん（六）が、「力」や「九月」

といった漢字をノートの大きな升目に丁寧に書いていた。女性の教育支援員が「右肩上がりに書くといいのよ」と教えた。優希さんは放課後に来て、宿題や算数のプリント学習をする。「ここで宿題する方がやりやすい。みんながいるから。テーブルも大きいし」。暗くなって迎えに来た祖母の京子さん（六五）と手をつなぎ、「おもちゃのチャチャチャ」を元気に歌いながら仮設の部屋に帰って行った。

■次の災害に備えて

益城町のテクノ仮設団地に住むある女性（三八）は雨の日に、玄関前の階段で滑り、左の足首のあたりを強く打って血がにじんだ。

ベニヤ板の階段は、ぬれると滑りやすい。けがをした後、危ないので人工芝を張ったが、芝が水を含むためか、板が腐り、くぼんでしまった。

女性の部屋の階段は、町の非常勤職員山中芳昭さん（六九）が板を張り替えた。町に、一八か所ある仮設団地の簡単な修理を二〇一七年八月から担当している。山中さんの自宅も地震で全壊した。同じテクノ仮設に住む被災者の一人だ。

仮設住宅は建設から時間がたち、傷みが目立つようになった。不具合が最も多いのは、階段とスロープ。スロープは、高齢者らが暮らす一部の部屋に階段の代わりに設けられている。人が通る真ん中が沈んで水がたまるので、小さな穴を板に開ける。

壁と天井の境に細い隙間ができ、雨が降り込んだ部屋もあった。隙間は接着剤でふさいだ。トイレの詰まりや切れた電球の交換も頼まれる。

町生活再建支援課によると、七月の台風で、部屋のガラスが割れたり、物置の扉がはずれたりするなど町内の仮設団地で計二一件の被害が発生した。そうした修理は業者に依頼する。当初予算の一八〇〇万円では足りず、五〇〇〇万円を追加した。

山中さんは仮設に住み始めてすぐ、ドンドンと床が鳴る音に驚いた。近隣の人が飼う室内犬が跳ねる音だった。「床のきしみがだんだん大きくなる」という住民もいる。

階段を修理する山中芳昭さん（益城町のテクノ仮設団地で）＝岩永芳人撮影

仮設住宅は、二年の入居が前提で、あくまで「応急の住まい」という位置づけだ。家の再建や貸家の確保が進まず、一年間の延長が決まったが、「三年が限度じゃないか」と山中さんは言う。「ぜいたくは言えんけど、あんまり頑丈じゃない」と表情を曇らせた。

熊本市でバー「コロン」を経営する鶴田健之《たけし》さん（五二）は一一月上旬、御船町の滝川仮設団地でカクテルをふるまった。

熊本YMCAが開いたイベントで、ウイスキーやジン、ウォッカなど約三〇本の酒を持参。子供には、ノンアルコールのカクテルを作った。

母親に手をひかれた小さな女の子は、オレンジジュースにザクロのシロップが追加され、真っ赤に変わるのを見て、目を丸くした。コップを渡されるとにっこり笑い、「ありがとう」とお礼を言った。

熊本地震の前震は、鶴田さんが店で仕事中に起きた。約四〇〇本の酒とグラスが棚の上を滑り、次々と割れていくのをぼうぜんと見つめた。店は、約二週間休業した。

「命は助かったのだから人の役に立つことをしたい」と、バーテンダーの仲間らがやっていた東日本大震災の被災地のボランティアに参加。福島県や岩手県などで、カクテルを提供した。御船の仮設でのボランティアは今度で四回目だ。「仮設に住む方々の笑顔は徐々に増えてきたと思う。ただ、暮らしの大変さは東北も熊本も同じ」と話した。

御船町は地震で、関連死を含めて一〇人が亡くなり、約二八〇〇棟が全半壊。仮設住宅は、二一団地計四二五戸が建設された。

しかし、仮設のボランティアは、震度七の地震が二度発生した益城町に集まる傾向がある。御船町木倉地区地域支え合いセンターの藤川登士郎所長は「報道も益城に比べると少ない。『なぜ少ないのか』という気持ちは、みなさんお持ちだと思う」と話した。

ＹＭＣＡの催しは、即席の窯で焼いたピザのもてなしや地元の歌手のライブもあってにぎわった。住んでいる女性（五三）は「この団地は、多くが働いていて、平日の昼間は人があまりいない。こうしたイベントがあると、交流が深まります」と喜んだ。

御船町健康づくり支援課の保健師上村裕美子さん（四五）は、仮設団地に住むある親子のことが気にかかる。高齢の父親は、建築関係の仕事が地震後、急に忙しくなり、休日がほとんど取れずに睡眠不足や体調不良を訴えていた。娘は、気持ちが沈みがち。食事は簡単な弁当などで済ませていた。

上村さんは、熊本県が設けた「熊本こころのケアセンター」の医師と親子の部屋を訪ねた。医師は、父親に休養を勧め、病院を紹介。父親はその後、退職し、やや元気を回復した。娘の方は今も、不安な状態という。上村さんは、二人の見守りを続けている。

同僚の保健師梶原里佳さん（四四）は、自治体がアパートなどを借り上げた「みなし仮設」を主に巡回している。暮らしぶりや健康状態の聞き取りは一時間を超えることもある。

みなし仮設の住民は、周囲に知り合いがおらず、孤独になりやすい。上村さんと一緒に行った熊本市のアパートでは、三〇歳代の女性が、旧知の上村さんの顔を見るなり、「やっと来てくれた」と喜び、涙を流した。

梶原さんは、福岡県飯塚市からの派遣職員だ。御船で働いてみて、保健師と住民との距離の近さが被災者の健康管理に役立っていると感じた。「日ごろの活動の積み重ねが災害時に生きる。保健師がふだんから地域に出て、住民と接していることが大切だと思いました」

課長の西橋静香さん（五五）によると、健康に不安を抱えながら町が把握していなかった人たちの存在が地震で顕在化した。仮設団地は、地域支え合いセンターの職員らが全戸を訪問しており、きめ細かな対応ができている。一方、みなし仮設には課題が残る。

西橋さんは「どう支援したらいいのか悩むこともあるが、被災した人たちの自立する力を信じたい」と話した。

木山仮設団地の自治会長を務めている益城町の植村鎮男さん（七六）は、仮設団地が少しでも暮らしやすくなるよう努力してきた。傷んだプレハブの修理や街灯の増設といった住民の要望を行政に伝え、食料や衣類などの支援物資を各戸に配る。

騒音やペットの飼い方などの苦情も寄せられる。仮設の住民たちは親しくつきあっている。トラブルがあると、その距離の近さがかえって解決を難しくする。「（会長を）受ける時はこげん大変とは思うとらんだった。すぐには答えの出せんこつもあるけんですね」と苦笑した。

植村さんは、全壊した自宅の敷地に新しい家を建て、来春には仮設を出る。会長の役割は、仕事を持つ人には負担が大き過ぎる。次の会長はすぐには決まりそうにない。

熊本県内に一一〇ある仮設団地には一〇月末現在、計一万四二人が住み、最も多かった二〇一六年一二月から約一〇〇〇人しか減っていない。住民の退去が進まない理由を県は、「資金計画を立てられない」「建設業者の不足」などと分析している。

再建資金については、ローンの金利や転居費用などを助成する四つの事業を県独自に実施する。予算総額の見込みは一〇七億円。国に提出した要望書では、住まいの再建の早期実現が「いつどこで起こるか分からない今後の災害においても共通の課題」と指摘し、「総合的な支援制度の創設」を求めた。

熊本の仮設団地の整備や運営には、過去の災害の教訓が生かされた。それでもなお、仮設の暮らしは不自由で、住民の生活再建は簡単ではない。「いつどこで起こるか分からない」次の災害に備え、熊本の体験から学ぶべきことは多い。

（二〇一七年一二月）

10　旅館の再生

「温泉は、人が関わらないと、
ただのお湯になっちゃう。
地震でそれが初めて分かった」

■次の二〇〇年へ

熊本県南阿蘇村の地獄温泉にある旅館「清風荘」の客室には、二〇一六年四月一六日にその部屋で寝ていた男性のワイシャツが今もハンガーにかかっている。割れたコップが洗面台に転がり、その日の朝食券が和風机の上に載ったままだ。

本震で道路が寸断され、清風荘は孤立した。約三〇人の宿泊客は自衛隊のヘリで救助された。部屋の男性は、シャツを持ち出す余裕もなかったのだろう。

六月には豪雨が襲った。裏の夜峰山《よみねやま》が崩れ、大量の土砂が館内に流れ込んだ。ワイシャツの部屋にも土砂が入り、半纏《はんてん》やティッシュの箱が泥に埋まっていた。泥は乾いてひび割れ、コケが生え始めている。一つの部屋に、地震と豪雨という二つの災害の爪痕が残っていた。

地獄温泉の宿泊施設は清風荘だけだ。旅館に通じる道路は一般車両がまだ通れない。旅館に流れ込んだ土砂を運び出せないことが復旧を遅らせている。

地獄温泉は湯治場として二〇〇年以上の歴史があり、江戸時代は熊本藩士だけが入浴を認められていたという。湯船の底から湧き出る珍しい湯と、明治に建てられた趣のある本館を楽しみに全国から宿泊客が集まっていた。ここで生まれ育った副社長の河津謙二さん（五三）は「清風荘のこんな姿は見たくない」とつらそうに言った。

地震の被害は、長期間営業を停止しなければならないほどではなかった。夏ごろには日帰り入浴を始めようと準備していた。

六月の豪雨で状況が一変した。夜峰山の斜面に地震で生じていた亀裂に雨水が入り、一気に崩れたらしい。本館を始めほとんどの建物の一階部分が土砂に埋まり、再開のめどは立たなくなった。

敷地内の土砂が撤去できれば、本館を修復し、他の建物は建て直す計画だ。ただ、山深い温泉の工事を手がける業者はなかなか見つからない。人手不足のうえ、条件のいい仕事が他にもある。再建にかかる経費の調達も課題だ。復旧費の七五％まで国や県が助成する補助金を活用する予

土砂が流れ込んだ清風荘の客室と河津謙二さん＝大原一郎撮影

定だが、残りの二五％でも小さな旅館には負担が大きい。用意できる資金が少なければ、補助金を合わせても旅館を元に戻す費用に足りない恐れがある。

謙二さんの兄で社長の誠さん（五四）が言った。「二〇〇年続いた温泉をまた二〇〇年続けていく。地震をその契機にする。ポジティブな気持ちで言うのではありません。否定を何度も重ねて突き詰め、やっと底を踏んで立ち上がる感じですよ」

清風荘は、地震と水害という二つの災害で一人のけが人も出さなかった。泉源が無事だったことも幸運だった。本館が再生できるという希望もある。南阿蘇の老舗旅館は、その風情を愛する宿泊客の支持を頼りに八方ふさがりの状況を突破しようとしている。

清風荘のフロントを担当していた松村早苗さ

ん（四八）は、明治に建てられた本館の夢をたびたび見るという。一八歳からずっと清風荘で働き、地震が起きたのは三〇年目の春だった。

夢の中でも松村さんはフロントにいて、風がカーテンを揺らしている。いつも他に人はいないが、一度だけ、亡くなった先代の社長が囲炉裏の前に座っていた。生前と同じように、「ここは涼しいね」とすぐにも口にしそうな、懐かしい姿だった。

「清風荘が元に戻ってほしいという気持ちがあるから夢に見る。今の私は、そうなるように祈るしかない」

家庭的な職場だった。「みんなが同じ釜の飯を食べてきた」という連帯感があった。松村さんが子育てで大変な時期は、早く帰れるように配慮してくれた。

仕事を終えてから入る温泉は、体が温まり、湯冷めしなかった。親しい常連客は「お湯につかるだけでもいい。再開はまだですか」と電話をかけてくる。いろんなことを忘れ、ぼーっとできる空間があった。外輪山に沈む夕日がきれいだった。

地震後、道路が復旧し、清風荘が営業を始めれば、また働くつもりだった。しかし、その年の六月の豪雨で再開は遠のいた。

松村さんは一〇月から、村内の別の観光施設に勤めている。清風荘からいずれ、「戻ってほしい」と頼まれるかもしれない。「新しい仕事場にも雇っていただいた恩義がある。すぐには結論を出せないです」と考え込んだ。

約三〇人いた従業員は多くが再就職した。副社長の河津謙二さんは「よほど工夫しないと、働く人は集まらない。再開した他の旅館も苦労している」と、人手の確保を課題の一つに挙げた。

地獄温泉の清風荘にある「すずめの湯」は地面を直接掘り、そのくぼみに湯船を作ってある。体を沈めると、自分が脱いだ履物が目の高さに来る。湯は、湯船の底から自然に湧く。冷ますことも温めることもしない。適温の湧き湯に直接つかれる珍しい温泉だ。

五つあった風呂のうち一番大切なすずめの湯だけが、土砂崩れの被害を受けず、生き残った。謙二さんは「ここまでやられていたら旅館をやめていた」と苦笑した。

すずめの湯は地震後、湯の温度が若干高くなった。社長で兄の誠さんはそれを「湯の機嫌が悪くなった」と言う。「人が入り、お湯や底の泥がかき混ぜられてすばらしい湯になっていた。温泉は、人が関わらないと、温泉ではなくただのお湯になっちゃう。地震でそれが初めて分かった」

二人は今、村の仮設住宅で家族と暮らす。例年なら最も忙しい年末年始を仮設で過ごし、「取り残された」という思いがした。他の旅館が次々に営業を再開する一方で、清風荘はまだ、「助けてくれ」と叫ばないといけない状況にある。風評被害を恐れ、「いつまでも『阿蘇は厳しい』と言っていてはだめだ」という声も聞こえてくる。

誠さんは「自分たちは清風荘を次の時代に引き継ぐ責任がある」と思っている。ただ、「時々ものすごくつらくなる」。そばにいた兄の謙二さんに「大変だな」と声をかけた。謙二さんは「ふふ」と笑って何も言わなかった。

熊本地震に対する社会の関心は時とともに薄れていく。しかし、支援が必要な被災地はまだたくさんある。

（二〇一七年三月）

＊

地震後の観光　熊本県によると、二〇一五年の同県の観光客は五九七二万人。このうちほぼ四人に一人が阿蘇地域を訪れていた。県内三九の主な旅館とホテルの宿泊客は二〇一六年四～六月、地震の影響で前年同期比八割に減少。海外客に限れば四割まで減った。ただ、一〇～一二月は、「九州ふっこう割」の効果などで国内客はほぼ前年並み、海外客も六割まで回復した。

11 津森神宮のお法使祭《ほしまつり》

「人と人をつなげる神社の力は氏子以外にも及ぶ」

■地震の年に花は咲かせられん

熊本県益城《ましき》町に津森神宮というお宮がある。六世紀に始まったと伝わる由緒ある社だ。益城町と菊陽町、西原村にまたがる地域に住む住民たちの心のよりどころになってきた。毎年秋には、にぎやかな「お法使祭《ほしまつり》」をつかさどる。

益城町は熊本地震で、震度七に二度襲われた。

津森神宮の多くの氏子も家を失った。亡くなった人もいる。祭りを前に「これまで通り華やかな祭りでいいのか」と宮司と氏子は悩み、話し合い、時には激しい議論を交わした。大切に受け継がれてきた祭りをめぐり、氏子たちが揺れていた。

津森神宮お法使祭の「注連（しめ）おろし」神事。静けさの中に、
神楽の音だけが響き渡った（熊本県菊陽町で）＝中島一尊撮影

甲斐喜三男宮司（六〇）と約二〇人の氏子は二〇一六年九月中旬、地元の仕出店の二階で顔を合わせた。この日の会合では、「お法使祭」で披露されてきた婦人会の華やかな踊りが問題になった。

「踊りは祭りの一番の花ですけんね」。伝統を重んじる甲斐宮司は従来通りの実施に理解を求めた。氏子の一人が真っ向から反論した。「地震の年に花は咲かせられん」

お法使祭は、魔よけの力を持った天皇の使い（お法使）がこの地域を巡幸した故事に由来して一三世紀半ばに始まったとされる。神さまは決まったお宮を持たず、益城町と菊陽町、西原村の一二の集落を一二年かけて一巡する。今回は、菊陽町の曲手《まがて》地区から辛川《からかわ》地区に移る予定だ。

一二の集落の祭りの世話役でつくる「お法使屋会」は、できる限り伝統に従って祭りを実施するよう両地区に要請した。甲斐宮司は「祭りで町を元気にせんといかん。笑顔と拍手で神さまと一緒に楽しむ。それが祭りの良さでしょう」と話していた。

ただ、両地区の多くの家屋も被害を受けた。議論を尽くし、踊りを中止するほか、子どもの笛太鼓を控えめにすることにした。みこしを車で運ぶことも検討したが、それは見送った。

お法使祭には、神さまの乗ったみこしを担ぎ手が手荒に扱うという変わった習わしがある。お神酒に酔った若者たちは行列の途中、みこしを豪快に放る。みこしはあちこちが壊れ、無残な姿になるが、大いに盛り上がる。神聖なみこしを乱暴に投げる理由は諸説あり、はっきりしたことは分からない。

今回はみこしを投げるのか。曲手の区長桑住寿博《としひろ》さん（六九）は「地震があったのに、みこしを壊すようなことをしたら笑われる。本当のところを言うと祭りの算段どころじゃない」と強く否定した。

甲斐宮司は前震が起きた時、お宮から約八キロ離れた自宅にいた。

ドンという衝撃がいきなり来た。机の下に逃げ込もうとしたが、足腰に力が入らず、動けなかった。妊娠九か月だった長男の妻の背に食器棚が倒れかかった。揺れが収まって真っ先に声をかけると、「おなかは守ってました」と気丈に答えた。

お宮の被害が心配になり、すぐに車で向かった。ライトに浮かぶ益城の道はあちこちに亀裂が走り、段差ができていた。

石灯籠が倒れ、社務所の資料や食器が散乱していた。夜が明け、変わり果てた町の姿に目を疑った。

二日後、さらに本震が襲った。再び車でお宮に駆けつけた。懐中電灯の光を頼りに状況を確認すると、手水舎《ちょうずや》がつぶれ、江戸時代の石碑が倒れていた。瓦ぶきの二重の屋根を持つ巨大な楼門が数十センチ動いているのに気づいた時、揺れのすさまじさに改めて震える思いがした。

津森神宮の社務所で、甲斐宮司が一枚の写真を見せた。

平田地区の末社「妙見社」の前で、氏子たちがなごやかに笑っている。地震前年の九月二〇日にあった「座祭り」で撮った写真。料理を持ち寄り、酒を酌み交わして、その年の収穫と健康を神さまに感謝する素朴な祭りだ。

後列の一番右に写っている内村宗春さん（当時八三歳）は本震で倒れた自宅の下敷きになり、亡くなった。

妻のミツエさん（七九）は宗春さんと同じ部屋にいた。ミツエさんはたまたま、がれきの隙間に入り込み、助かった。宗春さんは太い柱に直撃されたらしい。最初は聞こえていた声がだんだん小さくなった。

写真の男性が宗春さんであることをミツエさんに確認してもらった。写真に顔を寄せ、しばらく見つめた後でほほ笑み、「うちのとです」と小さな声で言った。

甲斐宮司は「お宮への崇敬の念が深い方でした。お宮を一生懸命守っておられた」と残念そうだった。妙見社も地震で倒壊し、神さまは津森神宮に移された。

津森神宮の氏子で責任役員の村上干城《かんじょう》さん（七六）は、地震で叔母といとこを亡くした。自宅は全壊し、作業場を改造して妻と暮らす。

村上さんは、お宮の「お法使祭」を今回もにぎやかにやることが復興につながると考えている。祭りの神さまは一〇月三〇日、菊陽町の曲手《まがて》地区から辛川《からかわ》地区に移される。村上さんは両地区の区長に「神事だけは当たり前にしてください」とお願いした。婦人会による華やかな踊りも、「私としてはやってもらいたい」と話す。

益城町で日本茶を生産し、販売する「お茶の富澤」の富澤典子さん（六三）は地震からまだ間もない五月一日に、夫と息子夫婦の四人で津森神宮にお参りした。

小谷《おやつ》地区の自宅に避難所から前日戻ったばかりだった。自宅は全壊と判定されていた。大きな余震があった時にすぐに逃げられるよう玄関に寝た。

創業八七年の店も全壊した。大事な茶摘みができるか危ぶまれるほど混乱していた時期だったが、津森神宮は富澤さんと家族の心のよりどころ。月に一度のお参りを欠かしたことはなかった。

「おかげさまでこの程度の被害で済みました」と手を合わせた。

津森神宮の「お法使祭」の神さまは二〇二〇年に富澤さんが住む小谷に来る。小谷も大きな被害を受けた。「ずっと続いてきた祭りをやめることはない。だけど、どこまでやれるだろうか」と考え込んだ。

甲斐宮司によると、地震から数日後には、心配した氏子がお宮を訪ねて来るようになった。氏子と話をするうちに甲斐宮司の気持ちも落ち着いてきた。「自分にできることから」と、ポリタンクに詰めた水を被災した家に配って回った。

お宮はボランティアの活動の場にもなった。テントを並べる広さがあり、すぐそばまで車が入る。公民館よりボランティアが動きやすかった。

キリスト教の団体も境内で炊き出しをした。海外から駆けつけたボランティアが多く、韓国料理のチヂミや焼き肉を被災者に提供した。

神社は本来、氏子同士や地域の人たちがつながりを深める場だ。親戚や同級生が正月やお祭りで久しぶりに会って語り合う。甲斐宮司は地震後、ボランティアと住民の交流を見て、「人と人をつなげる神社の力は氏子以外にも及ぶ」と気づいたという。

益城町田原の団体職員友田義雄さん（五五）はお法使祭の写真集を開き、「ああ、懐かしか」と声を上げた。写真集は祭りが、益城町と菊陽町、西原村の無形文化財に指定されたのを記念し、二〇一一年に刊行された。

一九七二年に撮られた一枚の写真に、三六歳で亡くなった弟が小さく写っていた。小学生の弟は法被姿ではちまきを締め、神妙な表情で神事に加わっている。

友田さんは一〇歳で初めて神さまを田原に迎え、太鼓で歓迎した。二二歳の時はジャンガラと呼ばれるシンバルをたたいた。三四歳でみこしを担ぎ、四六歳で子どもたちに太鼓を教えた。

祭りに加わる人は誰もが、神さまが地域に回ってくる一二年ごとの思い出が自分の成長と重なる。神さまが次に来る時には何をしていて、集落はどうなっているのかと考える。二〇一六年の祭りは熊本地震の痛みと共に記憶されるのだろう。

菊陽町辛川《からかわ》地区は熊本地震で、約一二〇棟のうち七割近い住宅が一部損壊以上の被害を受けた。辛川は一〇月三〇日、お法使祭の神さまを隣の曲手《まがて》地区から引き継ぐ。区長の緒方義則さん（六八）は、祭りは神事だけとし、婦人会の踊りや笛太鼓は自粛しようと考えた。ただ、伝統通りの祭りを望む人もいる。しこりを残さないよう区の臨時総会を開き、多数決で、踊りだけを自粛することにした。

辛川に来た神さまは一年間、「お仮屋」に住む。一二年に一度のことだ。辛川の人たちは九月中旬、公民館の敷地に「お仮屋」を作った。約七〇人が参加した作業の合間には、互いの健康や畑の作物の育ち具合、墓参りのことなど、よもやま話に花が咲いた。

一二年前に区長だった矢野誠也さん（八〇）はわらぶき屋根の仕上がり具合を確かめながら、「この年で祭りの世話がまたできるとは思わなかった」と喜んだ。緒方区長は「意見の違いがあっても、こういう時はみんなで力を合わせるんです」と目を細めた。

お法使祭では、担ぎ手がみこしを何度も放り投げる。この変わった習わしは原則として、神さまを渡す側の集落がやることになっている。

曲手地区は今回、早々に見送りを決めた。「地震の年にみこしをわざと壊せない」という理由に加え、みこしの修復に多額の費用がかかるためだ。一二年前は約七〇万円。投げなければ、その金を、地元の神社の倒れた鳥居の再建に使える。どちらを選ぶかは検討するまでもなかった。

神さまを受ける側もみこしを投げることはできる。ただし一回でも投げると、渡す側と修復費が折半になる。今回受け取る辛川も曲手同様に投げない。来年どうするかはまだ決めていない。

辛川の人たちは、婦人会による祭りの踊りも見送ることにした。

「お法使音頭」という祭りの歌がある。音頭の歌詞は、一二年に一度しかやって来ない神さまに呼びかける。

〽この娘《こ》も大きくなりました　こんどおいでは（次に神さまが来るときは）お嫁さん
音頭に愛着を持つ氏子の女性たちもいる。津森神宮の甲斐宮司には「踊りもこれまで通りにやるべきだ」という声が届いていた。

神さまが一年間過ごす「お仮屋《かりや》」では、祭り以外に年三回の神事がある。三度目の神事は九月一一日、曲手のお仮屋で厳粛に行われた。しかしその夜の祭りの打ち合わせは紛糾した。

「（踊りを見送ると）華がない」という甲斐宮司の発言に、氏子たちが一斉に反発した。

「今頃になって言うてもらうと困る」「着物も作らにゃならん」「（中止が）決まったんだけん、仕方（しょん）なかです」

さらに激しい言葉も飛んだ。

「益城に仮設住宅が何軒あるですか」「何人亡くなったですか」

辛川の区長緒方義則さんは、踊りを望む人たちの気持ちが理解できる一方、「地震被害への配慮も必要」と悩んだ。総会では、踊りに加え、笛や太鼓の中止も検討されたが、「演奏する子供たちが楽しみにしている」と実施することになった。

踊りを続けてほしいと、繰り返し説得を試みた甲斐宮司も最後は折れた。「私はみなさんに、私に届いた声をお伝えしたという事実を残したいと思います」。

「はい、分かりました」。氏子の一人が冷たく応じた。

■祭りは自粛すべきなのか

益城町は、隣接する熊本市のベッドタウンとして発展してきた。熊本空港と、九州自動車道のインターチェンジがあって交通の便が良く、工業団地「くまもと臨空テクノパーク」や九州最大級の産業展示場「グランメッセ熊本」がある。

町は過去二回、熊本市との合併に関わる住民投票を実施し、いずれも反対派が大差で勝利した。町の財政に比較的余裕があったことなどから住民は町の存続を望んだ。

熊本地震で状況は一変した。ほぼ一貫して増え続けてきた人口が減少に転じ、テクノパークの一角には、県内最大の仮設団地（五一六戸）が建った。グランメッセは地震後、休館したままだ。

大きな災害が起きるたびに祭りやイベントの自粛が問題になる。「被災した人たちの気持ちに配慮すべき」という意見と、「自粛はかえって地域の沈滞を招く」という意見が対立する。

地震の年の熊本の夏祭りは対応が分かれた。益城町や御船町、甲佐町などでは中止。熊本市は花火大会を取りやめる一方、「火の国まつり」は実施した。「大阿蘇火の山まつり」は名称を「阿蘇市民復興まつり」に変更し、二日間の日程を一日に短縮して行われた。

「肥後国第一の祭礼」とされている藤崎八旙《はちまん》宮（熊本市）の秋の例大祭は、呼び物の「神幸行列」の参加者が前年の約一万五〇〇〇人から約八〇〇〇人にほぼ半減した。「飾馬《かざりうま》奉納奉賛会」によると、被災者への配慮や寄付集めの難しさが影響したという。

益城町の光永保行さん（七〇）は長年、津森神宮の近くを流れる小川沿いに彼岸花を植えてきた。秋には、約二キロに及ぶ土手が真っ赤になる。

光永さんは花の時期に合わせて「ふるさと彼岸花まつり」を開き、地元のミカンなどをささやかに販売している。今回は、地震のことが気になったが、多くの人たちが花を楽しんでいる姿を見て、「やってよかった」と思った。

お法使祭を調査している熊本大の鈴木寛之准教授（民俗学）は、災害時の祭りの自粛について、「地元の人たちの気持ち次第でしょう。祭りは時代の中で姿を変えてゆくもの。正解はない」と話した。

益城町平田の農業光永幸弘さん（七二）の畑は約三〇年前、布田川断層の調査対象になった。パワーショベルで削った畑の断面を見ると、土の層がずれているのが素人《しろうと》目《め》にも分かった。調査の担当者は「何千年前か何万年前か分からないが、ここでかなり大きな地震が起きた」と話したという。

四月の地震では、この畑に長い亀裂ができた。光永さんの家は全壊した。「いつかは地震が起きると聞いていたが、前回が『何千年前』ではピンと来なかった」と光永さんは言った。ただ、平田に断層が走っていることは、住民のほとんどが新聞の報道などで知っていたという。

四月一六日の本震は、布田川断層の横ずれが主な原因とされている。政府の地震調査研究推進本部は地震の発生前、布田川断層について、「今後三〇年間にマグニチュード七・〇程度の地震が発生する確率は〇〜〇・九%で、やや高い」と推測していた。

地震に備えていた住民もいた。同じ平田の光永明裕さん（六〇）は、一四年前に建てた家を耐震構造にした。断層のことが頭にあり、子や孫も住むことを考えて用心した。家は、地震の激しい揺れでも壁の一部が壊れた程度で済んだ。「申し訳ないぐらいちゃんと建っている。ありがたいことです」としみじみと言った。

平田には来秋、お法使祭の神さまがやってくる。これまでは一二年ごとに盛大に祝ってきた。どの家も、ごちそうの鉢盛りを並べ、親戚や友人が集まって夜遅くまでにぎわう。

ただ、平田でも、多くの家が壊れ、犠牲者が出た。「あんまり鳴り物入りで騒ぐとはどがんかという話がある」と幸弘さん。自宅に大きな被害がなかった明裕さんも「神事だけで精いっぱいじゃないか」と考え込んだ。

津森神宮だけでなく、益城町の他の神社も大きな被害を受けた。町役場近くの木山神宮は拝殿と本殿、社務所が全壊し、鳥居が倒れた。

熊本県神社庁によると、地震により県内の三五の神社で本殿が全壊した。半壊と一部損壊は二六四社にのぼる。

神社の被害に公的な補助が支出されるのは文化財指定の建物だけだ。阿蘇神社では、国指定の楼門など六棟の再建には補助金が出るが、拝殿など八棟は対象外。津森神宮を含む多くの社は一切の補助をあてにできない。

県神社庁の事務局は「被害の大きかった神社では、地域のみなさんも被災されていて、寄付を集めにくいことも再建を難しくしている」と話す。

本殿などが全壊した木山神宮で禰宜《ねぎ》を務める矢田幸貴さん（三五）は地震直後から、氏子や友人に「お宮はなくなってしまうのか」と聞かれた。木山神宮は一〇〇〇年を超える歴史を持つ。地域のつながりを将来も守るという決意を込め、「益城町再興」と書いた看板をお宮の前に立てた。

木山神宮は毎年一〇月一七日、境内で秋祭りを開く。神さまに感謝をささげる祭りの神事はどんな状況であっても中止できない。一方、踊りや歌といった演芸については、津森神宮のお法使祭と同じように賛否両論があった。

木山神宮の氏子たちは、ボランティアの力を借り、できる範囲で演芸もやることにした。矢田さんは「地震でばらばらになってしまった人たちが久しぶりに出会う場になってほしい」と期待した。

祭り当日、天草や阿蘇などの若い神職が神事を手伝った。熊本市の神社の巫女《みこ》が倒壊した神殿の前で舞を披露。矢田さんの父である矢田吉定宮司（六六）は「みなさまの心に祭りが一筋の火をともすことを願っています」とあいさつした。

日が傾くと、地域の人たちが続々とやって来た。イカ焼きや焼きそばの露店に人だかりができ、ハワイアンの演奏や子どもの神楽に大きな拍手が起きた。氏子総代の男性（六九）は「神さまも安心されたでしょう」と笑顔で話した。

木山神宮では、二匹のこま犬も台座ごと地震で倒れた。九月になって一匹が元に戻されると、台座の裏側を指して氏子の一人がうれしそうに言った。「ここにおじいさんの名前が刻まれとるとです」。矢田さんは「地域の中にお宮が生きている」と改めて感じた。

「注連《しめ》おろし」は、お法使祭の神さまの「お休み場」や「受け渡し場」を清める神事だ。曲手地区から辛川地区に移る今回は一〇月一日に行われた。

お休み場は曲手の空き地に設けられた。広げた筵《むしろ》の上に米と酒、昆布、塩、鯛《たい》、大根などを供え、しめ縄を飾った。正座してかしこまった氏子たちの前で、烏帽子《えぼし》姿の男性が神楽を舞った。祭り当日に巫女《みこ》を務める女の子が「祭りを成功させたいという気持ちが強くなりました」と緊張した面持ちで話した。

神事の後、酒宴になった。曲手が持ってきた酒を辛川が、辛川の酒を曲手が飲む。「よか酒。う

地震で傾き、応急修理した津森神宮と甲斐宮司＝中島一尊撮影

まか。心のこもっとる」と曲手の男性が冗談めかして言った。別の氏子は「盛大な祭りのできますばい」と陽気な声を上げた。

被災した益城町の庁舎はまだ危険があり、職員しか入れない。その町長室で話を聞いた西村博則町長（六〇）は、「地震から半年が過ぎ、日常が少しずつ戻って来た。前を向くためにも祭りは必要」と語った。

町長の家は、お法使祭の神さまを来秋に迎える平田地区にある。町長もこれまで、獅子舞の笛を吹き、みこしを担いできた。みこしは伝統に従って盛大に放り投げた。ふだんは人通りの少ない平田が祭りになると、「年末の熊本市の繁華街のように」にぎやかになる。町長が子供の頃は玄関を開放し、知らない人たちにまで祝いの料理をふるまっていたそうだ。

平田は地震で、多くの家屋が被害を受けた。町長の家も、瓦が落ちるなどした。「来年の祭りは、みなさんができる範囲でやればいい。獅子舞があるなら私も、笛ぐらい吹かんといかんでしょうね」と笑った。

お法使祭の神さまが集落にやって来るのは一二年に一度だけだ。一年間お世話した神さまを惜しんでみこしをなかなか渡さず、受け取る側が長く待たされることがよくあった。みこしを投げないことになった今回はどうなるだろうか。

「荒神《あらがみ》さんだけん、つっこかすとば喜ばす（転ばすのをお喜びになる）」と、ある氏子が笑って言った。甲斐宮司は「私は『投げていい』とは決して言わないが、神さまへの敬意があるなら投げてもいい。地震のあった今年も同じ」と話した。

辛川地区の氏子に担がれる、熊本地震からの復興祈願を掲げた「お法使祭」のみこし（熊本県菊陽町で）＝中島一尊撮影

神さまは一〇月三〇日、熊本県菊陽町の曲手《まがて》から辛川《からかわ》に移る。お神酒に酔った担ぎ手が勢いでみこしを投げてしまうことを心配する氏子がいる。それを期待する氏子もいる。

神さまを来秋迎える益城町の平田には、神さまが来た年から豊作が続くという言い伝えがある。

津森神宮の責任役員で平田に住む村上干城さんは、被災した氏子たちに「これから良くなる。なんとしても祭りをやろう」と呼びかけるつもりだ。

（二〇一六年一〇月）

注　熊本地震が発生した二〇一六年のお法使祭《ほしまつり》は踊りを自粛するなどして行われた。以下は、一〇月三一日の読売新聞西部本社版の記事。

＊

熊本県益城《ましき》町の津森神宮がつかさどる「お法使祭」が三〇日、にぎやかに行われた。祭りの神さまは決まったお宮を持たず、熊本地震で大きな被害を受けた益城町と同県西原村、菊陽町の一二の集落を一二年かけて一巡する。今回は、菊陽町の曲手《まがて》地区から辛川《からかわ》地区にみこしで運ばれた。

祭りでは、担ぎ手がみこしを豪快に放り投げる習わしが呼び物だが、地震の被害に配慮して見送り、代わりに「復興祈願」のメッセージをみこしに掲げた。ただ、曲手では興奮した担ぎ手から「投げよう」という声が上がり、予定のコースを外れて寸前に思いとどまる場面もあった。

神さまの「受け渡し場」となった曲手の公園では、両地区の氏子ら約五〇〇人が神事を見守った。津森神宮の甲斐喜三男宮司（六〇）は「大きな地震があった年に祭りをどうするか、さまざまな意見があったなかで最後は心を一つにできたと思う」と話していた。

震災を越えてゆく

12 くまモンの力

「いまや海外でも大人気のキャラクター。
子供も大人も元気になった」

■くまモンは熊本のリボン

熊本県の営業部長くまモンは二〇一七年一月四日、熊本市で書き初めに臨んだ。墨をたっぷり含ませた筆を慎重に運び、えとのニワトリの絵と「とり」の字を完成させた。一緒に活動する法被姿のおねえさんから「たいがい上手」と熊本弁で褒められて自慢げに胸を張り、会場に詰めかけた観光客らを喜ばせた。

くまモンは、地震から約三週間後、五月五日のこどもの日に自粛していた活動を再開した。避難所や小学校などへの慰問は一一月末までに延べ約一二〇か所。いまや海外でも大人気のキャラ

2017年の仕事始めに、家族連れらの前で書き初めを披露したくまモン（熊本市中央区で）＝大原一郎撮影　©2010 熊本県くまモン

クターと触れ合うと、子供も大人も笑顔になった。拝むように手を合わせ、感謝するお年寄りもいた。

全国各地に出張し、催しで県産品をPRするのも営業部長の仕事だ。二〇一五年の関連商品の販売額は一〇〇七億円。地震後は、利用申請が急増し、売り上げの一部を義援金として県に贈る企業も多い。

生みの親の放送作家小山薫堂さん（五二）は「被災地を支援したいという気持ちは、そこに具体的に思い浮かぶ人がいるとずいぶん違う。熊本にはくまモンがいて、支援と被災地をつないでくれる」と話す。

地震後、全国の子供たちから手紙が届いた。「じしんでつらいね。くまもんもみんなをもりあげてね」（大阪府）。「ケガはしませんでしたか？　くまもとけんが一日でも早くげんきにな

るようにいのっています」（長崎県）

熊本の「しほ」ちゃんも手紙を書いた。「くまもん、じしんのあいだがんばったね。しほもがんばったよね」。県くまもとブランド推進課の四方田亨二主幹（四三）は「くまモンがいてくれることは熊本にとって幸せなこと」としみじみと言った。

県が二〇一六年六月に公表した復興のシンボルマークは、くまモンが大きく旗を振っている。「心を一つに頑張ろう」と県民に呼びかける姿をイメージしたという。

くまモンは、被災地の支援に感謝し、「熊本は元気です」と伝えるため、四六都道府県を順に回っている。同年一二月中旬は、愛知県の企業や小学校などを訪ねた。

パンの甘い香りが漂う同県小牧市のパン製造会社「コモ」本社。くまモンは体形に似合わぬ軽快さで階段を駆け上がり、廊下にいた女性をいきなり抱擁（ハグ）。さらに「壁ドン」で愛情を表現した。想定外の展開に出迎えの社員らは歓声を上げた。

定番のくまモン体操で、音楽が流れないトラブルが起きてもあわてなかった。再生機器の回復を待つ間、従業員と相撲を取り、人工呼吸の実演を無理強いして盛り上げた。

コモ社は地震直後、賞味期限の長い五八万三〇〇〇個のパンを被災地に届けた。くまモン直筆の感謝状を受け取った木下克己社長（六九）は「まさかくまモンが来てくれるとは」と喜んだ。

名古屋市立なごや小学校の子供たちは、応援のメッセージを熊本に送り、募金に取り組んだ。くまモンはここでも大人まで魅了した。見送りに出てハグされた女性教諭（六二）は思わず涙ぐみ、「不思議な感覚。被災した熊本の優しさが伝わってくるようでした」と話した。

県の部長が仕事で他県に出張しても知事とはまず会えないが、くまモン営業部長は、これまで訪ねた七道県のうち五道県で知事に面会した。その模様を、地元の多くのテレビや新聞が被災地の現状と合わせて報じてくれる。

日本リサーチセンター社が二〇一六年一〇月に実施したキャラクターの好感度調査で、くまモンはふなっしーを抜き、初の一位を獲得。熊本県の蒲島郁夫知事は絶大な人気の理由を、優れたデザインや意外性のある動きのほか、「人種も年齢も国籍も関係ない楽しい空間を作れること」と語った。

くまモンは同年一二月三〇日、フィリピンからの観光チャーター便を熊本空港で出迎えた。航空機が予定より早く着き、バスに乗り終えていた乗客が、くまモンが息を切らして走って来ると、笑顔で降りて取り囲んだ。乗客の女性（五〇）は一緒に記念撮影し、「みんな彼が好き。とってもかわいい」と思いがけない歓迎を喜んだ。

くまモンは同年六月以降、フランスやアメリカ、中国、タイなど九つの国・地域に出張。被災地の支援に感謝し、復興をアピールしてきた。県くまもとブランド推進課によると、くまモンを呼ぶために熊本フェアが企画されることも多いという。

熊本の情報を発信する「くまモンカフェ」は台湾の台北市などに続き、近く上海にも開設される。クリスタルのバカラや調理器具のル・クルーゼ、自動車のミニといった有名ブランドが関連商品を製作。地震による休館があったにもかかわらず、熊本市の「くまモンスクエア」の海外来館者は四万七〇〇〇人を超えた二〇一五年度を上回る勢いだ。

一二月には、中国とアメリカの大使館を蒲島郁夫知事と訪問。ケネディ駐日米大使やくまモンが「恋ダンス」を踊る大使館の映像がネットに公開された。蒲島知事は「米中の大使に同じ日に会うのだから外交官としてもすごい」と話す。

小山薫堂さんは地震後、熊本にとってくまモンが大事な存在であることをあらためて実感したという。「ひとつの品物にリボンを巻くと、特別なものに見えてくる。くまモンは熊本のリボンであってほしい」と願う。

くまモン本人に二〇一七年の抱負を聞いた。「熊本がもっともっと元気になれるように、お仕事がんばるモン！」

（二〇一七年一月）

13 被災の記憶を伝えるもの

「遺構は、人々の想像力を機能させ、世代を超えて地震の恐ろしさを定着させる」

■忘れられた明治の地震

熊本城顕彰会理事の富田紘一さん（七三）は二〇一六年秋、城の探訪会で案内した女性の一人が、地震で傷ついた天守を見上げて「おかわいそうに」とつぶやくのを聞いた。別の女性も城をまるで人のように気づかう言葉を口にした。「面会謝絶の友人を見舞い、言葉をかけているようだった。熊本の人たちにとって城は生きているものなのだと感じた」と富田さんは言う。

熊本城は築城以来約四〇〇年間に繰り返し、地震による被害を受けてきた。被害が最も大きかったのが今回の熊本地震。一八八九年（明治二二年）の地震がこれに次ぐ。

知る人がほとんどいなかった明治の地震で、崩壊した城の石垣を撮った写真が伝わっている。当時、地元の写真家が撮影した中の一枚で、所蔵する国立科学博物館は「我が国の地震被害を写した最も古い写真とみられる」と高く評価する。

この石垣は、熊本地震でも再び崩壊した。明治の地震による石垣の被害面積は約八八四〇平方メートル。今回は、ほぼ三倍の約二万三六〇〇平方メートルにのぼった。

明治の地震で城を修復したのは陸軍だった。西南戦争で焼失した天守の跡地に第六師団が司令部を置いていた。

西南戦争では、熊本城の堅固さが官軍の勝因のひとつになった。第六師団は、費用がかかるという理由で「名城ノ旧跡」を失うことは「遺憾限リナシ（残念でたまらない）」と陸軍大臣に訴え、今の貨幣価値に換算して約三五億円を復旧費用として要求した。

陸軍の修復は、現在の文化財保護の考え方からすれば、乱暴なところもある。崩れた石を積み直すのに小さく加工したり、一部の石垣の高さを地震前より低くしたりしていた。

ただ、「造るより修復の方が難しい」と、熊本市の鶴嶋俊彦文化財保護主幹（六二）は指摘する。造る時は、何もない場所で自由に石を積むことができるが、修復は作業の空間が制限される。崩落して破損した多数の石を、壊れなかった石垣と調和するように積み直す必要もある。

そうした困難は今回の修復でも同じだ。熊本城総合事務所は、過去の修復に取り組んだ石工た

熊本城西出丸（現・奉行丸）で崩落した石垣について、128 年前の被害と比較して話す鶴嶋俊彦・熊本市文化財保護主幹＝中島一尊撮影

ちの技術を生かそうと知恵を絞る。

第六師団は、地震発生から六年後には修復をほぼ終えていた。今回のめどは約二〇年。重機が使えるなど機械は進歩しているが、被害が大きいことに加え、文化財保護の点から慎重な工事が求められる。鶴嶋さんは「長生きして見届けたい」と言って笑った。

明治の熊本地震は一八八九年七月二八日午後一一時四〇分ごろに起きた。深夜に発生し、多くの住民が避難したことや長く続いた強い余震、デマの広がりなど平成の熊本地震と共通点が多い。しかし、明治の地震は忘れられていた。

明治に熊本市で新聞社を設立した水島貫之《かんし》（生年不詳〜一八九八年）は暑さで眠れず、キセルに火をつけようとした時に激しい揺れに襲われた。

日記によると、水島は横に寝ていた妻に声をかけた後、余震の続くなかで雨戸を苦労して開け、外に出た。親が子を呼ぶ声や子供の泣き声があちこちから聞こえた。人々は、ムシロや畳を地面に敷き、夜露にぬれながら一夜を明かした。店から商品が消え、食料を買うのも難しくなった。地位の高い人も一枚の毛布に眠り、一個の握り飯で我慢した。熊本県は、腐った物を食べたり濁った水を飲んだりしないよう住民に呼びかけた。

家屋の倒壊を恐れた人々は家の前に仮小屋を作って避難した。当時の地元の写真家が、「熊本市細工町」の通りに並ぶ仮小屋を撮った一枚がある。竹や木の枝を柱にした粗末な仮小屋が通りの先まで続いている。

仮小屋は、重い建物の下敷きになる心配がなく、最低限のプライバシーが守れる。今の時代の車中泊と同じだ。細工町に生まれ育ち、校区の自治協議会会長をしている松田清見《きよみ》さん（八〇）は写真を見て、当時の人たちの気持ちが「よお分かる」と言った。

松田さんは本震の夜、道路に出た住民に、近くの小学校に避難するよう声をかけて回った。夜が明けると、地元の米穀店が提供した米をみんなで炊き、おにぎりを作った。避難者は一〇〇〇人を超え、小さなおにぎりが一人一個の割り当てだった。

水島は地震から約三か月後、自らの見聞と新聞記事をもとに、「熊本明治震災日記」を出版した。熊本市は二〇一六年一二月、この日記の現代語訳を刊行した。大西一史市長は序文に、「当時の災害の記憶は継承されていなかった」と反省を込めて書いた。

明治の地震では、震源に近い金峰山が爆発するというデマを多くの市民が信じた。熊本城に駐屯する第六師団の「弾薬倉庫が危ない」という風説も広まった。六日後に大きな余震が発生し、人々の恐怖に拍車をかけた。「大地震が再び起こる」といううわさが瞬く間に広がった。

「熊本明治震災日記」は、あわてふためく市民の様子も記録している。

わざわざ知人を訪ね、「(地震に備えて)身を守りなさい」と忠告した人たちがいた。木々の茂みにムシロを敷き、ヤブ蚊に刺されながらひたすら身を伏せ、神仏に祈る姿も見られた。市外に向かう道は夜になっても、逃げ出す人たちの荷車の響きや下駄《げた》の音が絶えなかった。当時の新聞は「まるで戦乱時」と書いた。

平成の熊本地震で、インターネットに流れたデマを調べた熊本学園大教授の堤豊さん(五八)は「同じですね」と指摘した。堤さんは学生らと四三件のデマを確認した。

このうち、「川内原発が制御不能」というデマは「弾薬倉庫が危ない」という明治のデマに似る。「阿蘇が噴火する」という明治の金峰山噴火とそっくりのデマもあった。「二時間以内に大きな地震が来る」といううわさを信じ、避難した人たちがいた。善意の第三者がデマを拡散させたのも同じだった。

ただ、ネットが存在する今の方が明治よりデマは広がりやすいという。「ライオンが動物園から逃げた」というウソの情報がツイッターに流れ、熊本市動植物園に問い合わせが殺到した。偽計業務妨害の疑いで逮捕されたのは神奈川県の男だった(その後起訴猶予)。

2016 年の地震で倒れた墓石と中野道隆さん＝岩永芳人撮影

「ネットが生まれたことで、情報を精査する能力とモラルの向上がいっそう重要になった」と堤さんは言った。

熊本市の見性禅寺《けんしょうぜんじ》では平成の熊本地震で、数百の墓石が倒れた。住職の中野道隆《どうりゅう》さん（五五）は復旧に追われつつやはり、「明治と同じだ」と思った。

一四年前に住職になってまもなく、明治の地震直後に撮影された見性禅寺の墓地の写真を見た。出入りの石材店が持っていた一枚で、墓がほぼ全滅していた。

熊本地震では、住職の生活の場である庫裏《くり》が全壊し、塀も倒れた。今は塀の代わりにビニールの幕を張っている。地震の揺れで釣り鐘が大きく振れ、鐘突き堂の壁に当たって深い傷を残した。古い墓ほど被害がひどかった。

一方、二〇一二年に建てたばかりの本堂は白壁にヒビが入った程度で済んだ。写真で見た明治の地震のことが念頭にあり、壁や柱を増やして揺れに強い構造にしていたのが幸いした。

見性禅寺は、細川藩の次席家老が父らを弔うため、約三七〇年前に創建した。家老ゆかりのその墓も今回の地震で倒壊した。歴史的な価値のある立派な墓で、重機を使わなければ元に戻せない。子孫との連絡は途絶えている。檀家《だんか》も被災していて、寄付を募るわけにはいかず、再建費用は寺が負担しなければならない。

繰り返される災害を人はどう受けとめたらいいのか。中野さんは、「災難に逢《あう》時節には災難に逢がよく候《そうろう》」という良寛の言葉を引き、「大切なのは、じたばたせず、しっかりと次の一歩を踏み出すことです」と話した。

舒文堂《じょぶんどう》河島書店（熊本市中央区上通町）は、西南戦争があった一八七七年（明治一〇年）創業の古書店だ。旧制第五高等学校の教師だった頃の夏目漱石も通った。

四代目店主の河島一夫《いっお》さん（六四）は熊本地震直後から日記をつけ始めた。揺れで床に落ちた本を整理していて、阪神大震災に遭遇した同業者が書いた日記の小冊子を見つけたのがきっかけだった。

本震の夜が明けた朝、中年の男性が本を買いに来た。店内は、棚から落ちた本が散乱し、足の踏み場もなかった。「こんな惨状で、無理です」と断ったが、男性は「『新編西南戦史』が欲しい」と譲らなかった。

靴を脱ぎ、本の上を歩いて「西南戦史」を探した。本棚に一列だけ落ちずに残っていた本の中にその本がたまたまあった。男性は、喜んで買って帰ったという。

地震後、被災した家から本の買い取り依頼が殺到した。買い取りは増えたが、売れる数は変わらない。急増する在庫に対応するため、新たに倉庫を借りることにした。

河島さんは、地元の商店街の会長を務めている。商店街には、全国からお見舞いや義援金が届いた。一方で、通りに無断で置かれた粗大ゴミの始末に頭を悩ました。

河島さんの日記の一部は、地震から約一年後に出版された『熊本地震2016の記憶』に収録された。明治の地震では、水島貫之が「熊本明治震災日記」を残した。

「明治の地震のことが詳しく分かるのは、水島さんが日記を本にしたから。紙媒体は長く残る。私も本を商いにしていて、活字に対する信頼は水島さんと同じだという気がします」と河島さんは話した。

■世代や地域を超える記憶

明治の熊本地震は当時の数え歌にもなった。歌詞の一部には東北の方言が使われていた。熊本県立大准教授の大島明秀さん（四一）は「熊本から遠く離れた東北地方で歌われていた」と推定している。

大島さんは二〇一六年夏、数え歌を和紙に筆書きした資料を古書店の目録で見つけて購入。内容を分析し、論文にした。

歌は、七五調で二〇番まであり、地震の被害を詳しく紹介している。一番は、「一つ新板《しんはん》　肥後の国　熊本城下の大地震　聞くも語るも憐《あわ》れさに」。当時は数え歌が各地で刷られており、「新板」は「新しく作られた作品」という意味という。

「見ても聞いても恐ろしや　山は崩れる地が割れる　水出《いで》てくる　煙《けむ》が出る」（3番）「ここに憐れは限りなし　村は三千七《さんぜんなな》ヶ村《かむら》　潰れた家数《やかず》は十二万」（9番）

潰れた家が一二万というのは事実の誇張。他にも、死亡者と負傷者が合わせて八万三五〇〇人にのぼったとするなど被害が大げさになっている。

使われている東北の方言は、「さげぶ」（叫ぶ）、「いぢばん」（一番）、「いぢどに」（一度に）など。いわゆるズーズー弁だ。大島さんは「数字に誇張があるにしろ、数え歌が、熊本の地震を東北まで伝えた。今のソーシャル・ネットワーキング・サービス（SNS）のような役割を果たしていた」と話す。

歌は、いったん覚えると、記憶に深く長く残る。全国に事実を伝えるメディアがなく、字を読めない人がまだ多かった時代に、「地震の惨状や恐怖を後世に残す民間の記憶装置」でもあった。大島さんは、「歌が忘れられるとともに、明治の熊本地震は人々の記憶から薄れていった」と指摘した。

思想史を専門とする一橋大特別研究員の田中大二郎さん（四七）は、明治の熊本地震が忘れられた理由のひとつに、「毎年のように起こる水害の対応に追われてきた」ことを挙げた。熊本市都市政策研究所に研究員として約一年間勤務し、「記憶の継承と『記憶の風化』」という論文をまとめた。

熊本は、四二二人の死者・行方不明者を出した一九五三年（昭和二八年）の白川大水害をはじめとして、大雨の被害をたびたび受けてきた。二〇一二年の九州北部豪雨でも二三人が亡くなった。熊本地震の年にも豪雨被害が発生し、人々の不安が高まった。

一方、明治の地震から平成の熊本地震までは一二七年の間隔があった。田中さんは、自治体が「必ずしも大地震が起きたときの防災、減災を十分に設計してこなかった」と論文に書いた。

新たな災いは過去の災害の記憶を薄れさせる。明治の熊本地震の二年後には、岐阜県などで七〇〇〇人以上が亡くなった濃尾《のうび》地震が発生。地震研究の上でも、明治の熊本地震はその陰に隠れてしまった。

さらに、災害を体験した人たちは、「つらい記憶を忘れて前に進もう」と考える傾向がある。都市では、環境の変化と人の出入りが激しいことも記憶の継承を難しくする。

田中さんは、関東大震災（一九二三年）が発生した九月と、東京大空襲（一九四五年）の三月には、東京都慰霊堂（墨田区）で行われる法要にほぼ欠かさず参加している。「後に続く者は死者を慰霊する責任がある」と考えるからだ。

過去に起きた大震災や戦争を体験した人は時間を経るにつれて減っていく。世代や地域を超えて、記憶を継承する上で大切なのは、「体験者のつらさに共感すること」と田中さんは指摘した。

被災の記憶を伝える具体的なモノの役割も大きい。明治の熊本地震では遺構が残されなかった。「遺構は、人々の想像力を機能させ、世代を超えて地震の恐ろしさを定着させる」。平成の熊本地震では、益城町の地表に現れた断層や、南阿蘇村の地滑り跡などが遺構の候補となっている。

熊本城の南側に「特別史跡　熊本城」と彫られた石碑が立つ。高さは約四・六メートルあり、だるま落としのように四つの石を重ねてできている。そのうち上から三つが平成の地震の激しい揺れで向きを変えた。近くで見ると、重い石がバランスを崩さずにそろって動き、倒れなかったことに驚かされる。

熊本城調査研究センター副所長の網田龍生さん（五二）によると、今回崩壊した石垣を震災遺構として残すことは、城の文化財的価値を損なう恐れがあり、難しい。一方、向きを変えても倒れなかった石碑は文化財ではないため、遺構になりうる。加えて、城の修復の過程を映像で見せれば、「明治の地震のように忘れられることはないはず」と話した。

災害の記憶は、研究や防災に役立てなければ意味がない。熊本地震の記憶を私たちはいつまで伝えることができるだろうか。熊本市都市政策研究所の研究員だった田中さんは「行政と市民がそれを大切に後世に残せば、二世紀ぐらいは確実に伝わる」と話した。

（二〇一七年八月）

14　姿を変える町

「地震後に町を助けてくれた人たちに
復興した姿を見せることが一番の恩返し」

■事業予定地に次々と建つ家

熊本県益城《ましき》町のテクノ仮設団地で町が開いた土地区画整理事業の住民座談会で、初老の男性が難しそうな顔で質問した。「空き地にどんどん家が建ちよる。止められんとですかね」

復興整備課の職員が答えた。「止められんとですよ。事業が認可されるまでは」。男性は「（認可までの時間が）長くなればなるほど家が建つ」と小さな声で言った。

事業対象の木山地区は益城町の中心部にある。住宅が密集し、熊本地震で壊滅的な被害を受けた。行き止まりが多い狭い道路に家や店舗が倒れ、避難や救助を難しくした。

区画整理は、入り組んだ形の土地を碁盤の目状に整備する。まっすぐで広い道路や公園などを作ることで快適な住環境の実現や防災力の向上を目的とする。ただ、そのために移動しなければならない建物は具体的な計画が決まるまで分からず、家屋の新築などで住民に費用の負担が生じる場合がある。

対象地域内では、地震で崩壊した建物が撤去されてできた更地のあちこちに真新しい家が姿を現している。移転覚悟で新築されたそうした家屋はすでに約三〇軒にのぼる。建築中の建物も目立つ。

二階建ての自宅が地震で全壊した会社員木下栄次さん（五八）は、跡地の地盤を強化し、二〇一七年八月に平屋の家を建てた。「区画整理には絶対反対」と語気を強めた。

地震後、避難所などを転々とし、仮設住宅に入った。仮設の部屋は壁が薄く、隣の物音が気になった。以前の家から持ち出した荷物も全部は入らなかった。

自宅の再建について町に問い合わせると、「移転になる可能性もある」と言われた。六〇歳の定年が迫り、「ローンを組むのは年齢的にぎりぎり」。事業の具体案が固まるのを待つ気持ちにはなれなかった。

新しい暮らしは始まったばかり。区画整理でたとえ費用の負担がなく、同じ広さの移転先に同じ家が建てられるとしても、「もう動きたくない」。同居する母親も妻も同じ意見だ。木下さんは、「地震がなければ、本当にいい所だった」と悔しそうに言った。

熊本県益城町の木山地区。更地に次々と家が建てられている
（小型無人機から）＝中島一尊撮影

木山地区では、倒壊した家が道路をふさいだ（2016 年 4 月 17 日）
＝野本裕人撮影

木下さんのように家を建てた住民がいる一方で、事業の具体案が決まらないために新築に踏み切れず、中途半端な状況に不満を募らせる人たちがいる。

益城町では、中心部を東西に走る県道を拡幅する事業も同時に進められている。立ち退きを迫られる住民の苦悩は区画整理と同じだ。町は、災害に強い地域に生まれ変わろうと努力している。しかし、そのために負担を強いられる住民がいる。

益城町は、二〇一七年四月の住民説明会で区画整理の対象となる地域案を公表した。ただ、具体的にどの建物が移転になり、どんな補償がされるかはまだ分からない。

対象地域の町内会の一つ、「上町」が開いた会合では被災した人たちから切実な声が相次いだ。

会社員の男性（六八）は、以前経営していた米穀店が地震で全壊し、更地にした。

移転の補償では、撤去された家の価値は考慮されない。一方、被災した自宅を補修して住み続けていれば、土地に加えて建物も補償される。男性は「建物が全壊し、一番困っている人の補償が少ないのは不公平。私だけの問題ではない。補償が土地の評価だけというなら反対します」と話す。

熊本市内のみなし仮設に一人で暮らす女性（六六）は「新築したいのに建てられない」と訴えた。自宅が全壊し、擁壁も壊れたが、擁壁は補償の対象にならない。擁壁を作って自宅を再建しても、移転対象になれば費用がムダになる。

地盤の補強も補償の対象外。全壊した家を補修して住んでいるという別の女性は、「地盤を強くしたいが、踏み切れない。中ぶらりんの状態」と不満を口にした。

対象となる地域案の発表後、住民は町に詳しい説明を求めた。意向に応えようと町は、少人数の座談会を二五回にわたって開催。このため、当初想定していた九月の都市計画決定が遅れている。一方で、生活の再建に向け、計画を早く具体化してほしいという住民も多い。

町は、都市計画決定の目標をあらためて年内とし、決定の前提となる法定説明会を一一月九日から計四回開く。町復興整備課は「当初は、強い反対があった。座談会などを通じて丁寧に説明し、理解を求めている」と話す。

熊本県益城町で約三〇年続く写真店を経営する林真二さん（五九）は、四月に町が開いた区画整理の住民説明会で配布された地図に目を疑った。地図は、区画整理の対象地域を、住宅地や商業用地、公園などに色分けしていた。

林さんの写真店と自宅は地震で全壊した。説明会までに再建した自宅と、再開を目前にしていた写真店は、いずれも商業用地とされていた。「なぜ勝手に決めるのか」と腹が立った。

後日、役場に出向き、問いただした。担当者は、「区画整理後の地域の姿をおおまかにイメージしてもらうための地図。色分け通りに事業を実施するわけではない」と説明した。具体的な計画は住民の意向を踏まえてこれから決めるという。

地図については了解したが、疑問はたくさんあった。区画整理で目減りする土地の広さやそれを決める基準。住民の希望を反映する仕組みや事業の進め方。家を移転する場合に代替地をどのように選び、何がどこまで補償されるのか――。

座談会などで繰り返し疑問をぶつけ、説明を聞くうち、区画整理に反対する気持ちは徐々に薄れたという。「復興のために必要なら、住民が意見を出し合って、住みやすい町を作った方がいい」と思うようになった。

ただ、自宅などが移転の対象になるかどうかを知らされるのはまだ先だ。補償の内容も分からない。「そこまで聞かないと、賛成か反対か決められない。一刻も早く知りたい。みんな同じ気持ちでしょう」と話した。

写真店で林さんに話を聞いていると、孫の運動会の写真を撮るという男性が撮影の相談に来た。林さんは、カメラの絞りやピントを丁寧に教えていた。写真館は益城町に一軒しかない。「経営は楽ではないですが、地元の人たちに支えられて三〇年続けられた」と笑った。

■にぎわいを取り戻す

熊本県益城町の中心を東西に貫く県道は二車線で狭い。地震で倒れた家が道路をふさぎ、避難や支援活動を妨げた。

県は町の要望を受け、一〇メートルの幅員を二七メートルに広げて四車線化することを決め、二〇一七年一〇月から用地交渉を始めた。木山地区の区画整理と同じように町の姿を大きく変える事業だ。

用地交渉の前提となる測量に対し、「お断りです！」と意思表示する三角コーンを沿道の一部の事業所や住宅が置いている。地元住民で作る「益城・四車線化を見直そう会」が作った。同会の前川賢夫《たかお》さん（五九）は、「四車線化で沿線の店や病院が移転してしまう。暮らしにくくなり、かえって町が傷つく。限られた予算は被災者の救済に使うべきだ」と批判した。

地震前、沿道には約一〇〇軒の店や事業所があった。三月の国の事業認可以降、原則として新しい建物は建てられなくなった。益城町商工会の住永金司会長（七〇）には、地震で店が全壊した経営者から窮状を訴える声が届く。

被災した店が賃貸だった場合は、拡幅された県道沿いに再び店を借りられる保証がない。土地を所有し、代替地を確保できるとしても、再開できる時期が分からない。収入が途絶えた状態で、生活の糧を別に得ながら、資金を準備しなければならないのは賃貸も地権者も同じだ。

住永さんは、町の「生活空間」が壊れてしまうことも心配した。「今は、道のこちらと向こうで話ができる。二七メートルの道路は町を北と南に分断してしまう」

県都市計画課によると、約二五〇〇人の地権者のうち一〇〇人ほどから測量の同意が得られていない。同課は、「できるだけ多くの病院や店舗に残ってもらえるよう用地交渉する。測量については同意してもらえるまで説得を続ける」としている。

四車線に拡幅される熊本県益城町の県道沿いにある「吉田自動車」は一一月一一日、新築した鉄骨二階建ての店舗で営業を再開する。地震から約一年半ぶりだ。

経営する吉田栄鶴《えいかく》さん（三九）が、新店舗の建築確認を受けたのは三月九日。四車線化を国が事業認可し、新しい建物が道路の拡張部分に事実上、建てられなくなったのは翌一〇日。一日の差で間に合った。

吉田さんは二〇一五年の夏、父親が営んでいた建材販売の事務所を改装し、自動車買い取り専門店を始めた。顧客が増え、商売が軌道に乗りかけた時に地震に襲われた。

店は地震で大きく壊れた。最初は補修を考えたが、新築より費用がかかると分かった。開店時の借金を返済しつつ、新しく背負う負債をできるだけ少なくするには跡地に新築するしかなかった。

県道を整備する計画があることは父親から聞いていた。熊本県に問い合わせ、具体的な検討が進んでいることを知った。県はその後、四車線化の方針を正式に表明し、都市計画決定した。

その時点で、新築する店の建築確認はまだだった。建築業者には地震後、仕事が殺到し、手続きが遅れていた。吉田さんは事業認可の時期を県や国に繰り返し尋ね、建築確認申請を急いだ。「間に合わなければ首をくくるしかなかった」と真顔で言った。

新築した店舗も数年後には道路拡張で移転を迫られる。移転の間は休業しなければならない。たとえ補償があっても商売に支障が出る。そうした事情も知らずに、「新築は補償金目当て」という根拠のないうわさが耳に入り、やりきれない気持ちになる。

吉田さんの顧客のほとんどは町の人たちだ。「できるだけ高く車を買って、お客さんに喜んでもらう。それが自分の利益にもなる。益城が復興しないと自分も復興できない」と力を込めた。

都市計画の専門家として益城町の復興に協力している熊本大准教授の円山琢也さん（四一）は、県道の四車線化への反対が根強い理由を、「合意形成に時間をかけられなかったため」と指摘した。

地震後に町が開いた住民意見交換会では早期の事業化を求める声が強かった。町や県は手続きを急いだが、住民との事前の話し合いが足りず、道路幅などの代替案の検討が十分でなかった。

復興を目指す町の仕事量の膨大さに比べ、職員が不足していることも合意形成を難しくした。

円山さんは、四車線化事業そのものについては「町のにぎわいを取り戻すきっかけになりうる」と評価する。

道路幅の縮小を行政が受け入れることは難しいが、歩道や植樹帯を住民の希望に合わせて作ることはできる。阪神大震災後の神戸市の道路拡幅では、住民と行政が話し合い、当初の計画より車道を狭め、歩道を広げた地区があった。

「合意形成が十分でなかったことを批判するのは簡単です。ただ、役場の職員が足りない状況で、住民側が厳しい要望を続けるのはお互いに不幸。行政が受け入れ可能な提案を模索した方がいい」

益城町には、高速道路のインターチェンジや空港があり、政令指定都市の熊本市に隣接している。復興の過程を全国が注視しており、意欲的な若者も多い。円山さんは、「地震後に町を助けてくれた人たちに復興した姿を見せることが一番の恩返し」と話す。

一方、木山地区の区画整理を担当する町復興整備課は事業の法定説明会の準備を急ぐ。杉浦信正課長（五九）は「区画整理は完成まで長い時間がかかる。反対している人たちも含めて、やってよかったと思える事業にしたい」と強調した。

（二〇一七年一〇、一一月）

＊

益城町の区画整理と県道拡幅　区画整理は、町役場を含む木山地区の二八・三ヘクタールが対象で、地権者は約四〇〇人。県道拡幅は、約三・五キロにわたり、一〇メートルの道幅を二七メートルに広げ、二車線を四車線にする。地権者は約二五〇人（区画整理地域との重複を除く）。二〇一七年一〇月から用地交渉が始まった。

15　災害の詩歌

「何か見えない力が作用しているのではないか」

■言葉に救われる

熊本市の松本よし枝さん（七二）は前震の翌日、福岡市にある長女のマンションに夫と避難した。

約二週間後、自宅の様子を見に戻った。天井に穴が開き、降り込んだ雨が部屋を水浸しにしていた。大事にしていた小代焼の茶わんが割れ、愛着のあった絨毯《じゅうたん》も捨てるしかなかった。お盆を迎えても新しい住居は見つからなかった。長女の部屋でぼんやりと、「ああ、なんもかんもなくなったなあ」と考えた。

二五歳で結婚してから長く一緒に暮らした義理の両親のことが思い出された。二人は、実の娘のように優しくしてくれた。
義母はお盆の迎え火（門火《かどび》）を欠かさなかった。祖先の霊が迷わずに戻れるよう、丸めた和紙と折った割り箸を皿に載せ、玄関先で燃やす。義母が亡くなってからは松本さんが引き継いだ。さまざまな思いが頭の中で五七五の言葉になった。

門火焚く家も無くしてしまひけり

松本さんが住んでいた家は撤去され、今は熊本市の「みなし仮設」のマンションに住む。元の家よりずっと狭いが、正月は娘や孫たちがやって来て楽しく過ごした。つらい時は、「趣味の俳句に励まされています」と話した。
宮城県多賀城市在住の俳人高野ムツオさん（七〇）は、東日本大震災から一二日後、被災の体験を読売新聞に寄稿し、「角組《つのく》む（芽吹く）蘆《あし》」を句に詠んだ。

泥かぶるたびに角組み光る蘆

熊本地震の直前に東京で開かれた大震災と詩歌をテーマにした集いでは、「たった一七音と短いからこそ、言うに言えない沈黙を表現できる」と語った（二〇一六年三月一九日付読売新聞）。熊本の俳人たちもそれぞれの「言うに言えない沈黙」を句にしている。
一九二九年から続く熊本の俳誌「阿蘇」を主宰する岩岡中正さん（七〇）は熊本市の自宅で前震に遭った。若葉が芽吹き始めていてもまだ寒さの残る季節に、どすんと大地が体を突き上げた。

一身を貫く地震《ない》や新樹冷《しんじゅびえ》

余震が続き、水も電気も止まった。当初の衝撃と恐怖は薄れたが、不安は長く続いた。タンポポ（鼓草《つづみぐさ》）を詠んだ句にそんな不安が色濃くにじむ。

ぱっくりと大地口空け鼓草

地震直後は「本能的な表現意欲」から句が生まれた。やがて、地震の衝撃や自分の心の動きを人に伝え、共有したいという思いが強くなった。震災を記録し、後世に残すことが文学に関わる者の役割だとも考えた。
地震からまもなく二年。岩岡さんは、落ち着きを取り戻しつつある街に人が災害を乗り越える力を感じて

岩岡中正さん。カタツムリの句が生まれた自宅の庭で＝岩永芳人撮影

いる。地震という極限の体験を通じて、「生命が再生するエネルギー」を見たように思った。自然が再生する力を凝縮させたような岩岡さんの句がある。梅雨に入り、地震で壊れたガレージの後片づけをしていて、庭木の葉の先に小さなカタツムリを見つけた。

でで虫の角ふるはせて生きんとす

熊本市の歌人浜名理香さん（五四）は、アパートの部屋で前震に遭い、すぐに、近くの実家に走った。九五歳の父親が独りで暮らしていた。父親の無事を確認し、携帯電話を取りにアパートに戻った。電話は本の下に埋もれ、なかなか見つからなかった。あきらめかけた頃、着信があった。その振動を頼りに電話を掘り当てた。安否を気づかう電話やメールがたくさん来た。充電器はなく、バッテリー切れが心配だった。短いメールをやり取りし、それを歌に詠んだ。

生きてます、あなたは死んでいませんか。出し合うメールの趣旨はそれだけ

「遠くにいて助けに行けないなら、被災直後の知人の携帯電話にかけてはいけない」という心得があると後で知った。その知人が万一、がれきに埋もれていて、携帯を命綱にしていたら貴重な

電池を減らすことになるからだ。

本震は実家で就寝中に起きた。その衝撃を、主宰する歌誌「石流《せきりゅう》」に書いた。

「なぜ、目が覚めたのかよく覚えていません。覚えているのは、グオゴゴゴゴという音と、ズズズズズンという強い振動です」


ミサイルが撃ち込まれたか地ひびきの轟くなかを突き上がる揺れ

高齢の父親は、地震があったことさえよく分かっていなかった。翌晩は車に寝た。何度も起きてトイレに連れて行った。雨がひどく、ずぶぬれになった。父親は滑って転び、けがをした。やっと調達した水を父親が無駄に使ってしまうこともあった。父親と一緒では避難所には行けないと思った。気持ちが追いつめられ、衝動的に、「私はどうしたらいいの」と父親に訴えた。声を上げて泣いた。

予期せぬ言葉が返ってきた。


なあんかい何《なん》ば泣くかい、ようし良し。背中とんとんするごとき声

熊本市の詩人小林尹夫《ただお》さん（六八）は本震後、近くの小学校に避難し、二泊した。自宅に戻り、

大きな地震が再び来るかもしれないという不安で眠れなかった夜、約九〇〇字の散文詩「刻々（大地震から一週間目の夜）」を書いた。

避難所では、一人一人が一人だけの眠りに入る直前、突き上げる揺さぶるもののために、数百人ほとんど同時に起き上がる。いびきも止まる。薄目を開けている犬。人は冷たく硬い床の上で、冷たく硬くなりたくはない

小学校は、避難してきた人たちでいっぱいだった。最初の夜は食料が足りなかった。半分のおにぎりのために二時間並んだ。空腹に加え、硬い床に横になると背中や腰が痛んだ。その感触は、地震から二年近くになる今も体に残っている。揺れは、大地が寝返りを打ったようだった。繰り返し襲ってきて、人々を脅かした。小林さんも怖かった。

差し込んでくる地底《ぢぞこ》の鼓動。地球は生きている

小林さんは地震などの災害に「どうしても運命的なものを感じてしまう」。たまたまその時間にその場所にいたために、建物の下敷きになった人がいた。逆に幸運が重なり、助かった人もいる。

「運命からは逃れられない。何か見えない力が作用しているのではないかと感じます」

救いはあるのにない、ないのにある

避難した小学校で知り合った若い女性は「家が壊れ、帰れない。勤務先も大変だ」と途方に暮れていた。詩は、避難所で眠るそのような人たちを思いやる言葉で閉じられる。

いつでも飛び出せるように普段着で、蒲団をかぶる。避難所のあなたに蒲団を敷いてあげたい

詩歌は、事実の記録がすくいきれない個人の体験や感情を短い言葉で象徴的に表現する。熊本地震の経験からも、たくさんの優れた作品が生まれている。

（二〇一八年一月）

16　地震の意味

「地震の被害を自然に償わせることはできない」

■なぜ被災したのか

自分の力ではどうしようもない出来事に見舞われた時に人は、「なぜこんな目に遭うのだろう」という答えのない問いを抱え込む。水俣病を通して文明と自然について思索を続けてきた熊本県芦北町の漁師緒方正人さん（六四）と、哲学を研究する熊本大の苫野一徳准教授（三八）に、二年前の熊本地震の体験から人の生や社会について考えたことを聞いた。

緒方さんは天草沖での漁を終え、操縦席のハンドルを握ってすぐに体をドンと突き上げられた。強い衝撃は海の底から来た。熊本地震の前震だった。

緒方さんが六歳の時、劇症の水俣病で苦しみ抜いて父親が死亡した。成長して、未認定患者救

自船の「甦漁丸（そぎょうまる）」で地震の体験を話す緒方正人さん
＝中島一尊撮影

済の運動にのめり込んだ。政治家の「ニセ患者」発言に抗議し、逮捕もされた。「父親の敵討ち」という怒りが活動の支えだった。

しかし、三二歳で認定申請を取り下げ、運動から身を引いた。

行政やチッソは、交渉の担当者が次々に代わる。人間ではなく、組織という「化け物」を相手にしているという徒労感が募った。

公害は、経済的利益を最優先し、便利さを追求した社会全体が構造的に生んだ「文明の病」だ。緒方さん自身も、チッソの社員だったら、便利な生活の恩恵を受けている。もし、チッソの社員だったら、水俣病を起こす側に回っていたかもしれない。

補償金を得ても父親は帰ってこない。「金ではない」という思いは、政治や裁判の枠組みに収まりきらない。認定され、補償金を受け取ることでかえって、水俣病問題の本質が見えなくなると感じた。

緒方さんは、作家の石牟礼道子さんらと作った市民グループ「本願の会」の機関誌に熊本地震について、「『おそれ』という生命感覚が呼び戻された」という文章をつづった。地震を体験した人たちは自然への畏怖の感情をよみがえらせた。

「地震の被害」という言い方に違和感があることも書いた。「被害」は、それを計量し、賠償できることを前提にしている。地震の被害を自然に償わせることはできない――。緒方さんがそう考えるのは、水俣病においても、父親のように亡くなった人に対しては、金銭では償えないという思いがあるからだ。

水俣病の根源には、「科学や技術で自然を支配できる」という人間のおごりがある。地震も、科学や技術で制御できない。「人の尺度だけでものごとを考えると傲慢《ごうまん》になる」と緒方さんは話した。

熊本大准教授の苫野さんは大きな地震を三度経験した。阪神大震災では兵庫県芦屋市の自宅が半壊。東日本大震災では東京のアパートの水道管が壊れ、部屋が水浸しになった。熊本地震は熊本市のマンションで被災した。

熊本地震で苫野さんは、ボランティアをする学生と行政との調整にあたった。ただ、健康上の理由で被災の現場では働けなかった。そのことにかすかな後ろめたさを感じた。一般のボランティア活動では、「なぜお前は困っている者を助けないのか」と他人を非難するような振る舞いを見聞きした。

二人の哲学者のことを思った。苫野さんが感じた「後ろめたさ」が高じれば、頑張っている人の足を引っ張るような悪意につながりかねない。そうした心の動きをニーチェは「やましい良心」と言った。自分の「正しさ」を絶対視し、周囲に強要するような人間をヘーゲルは、「徳の騎士」という言葉で考察した。

「哲学は役に立つ」が苫野さんの持論だ。彼らの哲学を知っていれば、「自分の行為は独りよがりかもしれない」と反省し、軌道修正できるだろう。「災害の現場では、ボランティア団体が行政を過度に批判してしまうこともある。互いを認め合う関係を作るという発想がないと、不毛な対立が起こってしまう」。苫野さんは災害が「私たちの市民性の度合いを試す」と述べ、社会の成熟度を測る機会でもあることを指摘した。

（二〇一八年四月一四日）

＊

緒方正人（おがた・まさと）　熊本県芦北町出身。水俣の市民グループ「本願の会」副代表。著書に「常世の舟を漕ぎて」、「チッソは私であった」など。

苫野一徳（とまの・いっとく）　兵庫県芦屋市出身。専門は哲学、教育学。著書に「はじめての哲学的思考」、「『自由』はいかに可能か　社会構想のための哲学」など。

17　新たな一歩

「今まで普通にあったものが明日はなくなるかもしれない。
できることはできる時にやろう」

■全身で農業を学ぶ

東海大学農学部の中留京祐さん（二二）が卒業式を終えて言った。「一番思い出すのは阿蘇の風景。二年間しかいられなかったけれど、授業でも、部活動でも、いつも山に囲まれていました」

中留さんは二〇一八年四月、鹿児島県曽於《そお》市役所に就職した。同じ研究室だった仲村可奈子さん（二二）は鹿児島市の牧場で働き始めた。井上奈緒子さん（二二）は、公益社団法人の農業研修生としてアメリカで学んでいる。

農学部のあった熊本県南阿蘇村の阿蘇キャンパスでは、熊本地震が起きるまで、約一〇〇〇人

倒壊した学生アパートで、下敷きになった学生を捜す人たち
（2016 年 4 月 16 日、熊本県南阿蘇村で）＝大原一郎撮影

の学生が学んでいた。広大な敷地に牧場や講義棟のほか、水田や畑、果樹園、チーズやハムの農産加工場があった。

キャンパスに隣接する下宿やアパートに学生の七割が住み、一帯は「学生村」と呼ばれていた。カラオケや居酒屋などの娯楽施設は近くにない。仲村さんは「ある意味隔離されていて、勉強に集中できる」と笑った。

アルバイトも農作業を選ぶ学生が多かった。仲村さんは牛の搾乳、井上さんは野菜や果物の収穫をした。アルバイト料は安かったが、農家の人や外国の研修生と話をするのが楽しかった。

井上さんは四年前、阿蘇キャンパスで初めて牛に触れた。大学の農場に放牧されている牛は人に慣れている。かまってほしいと言わんばかりに体を寄せてきた。「純粋な目がかわいい」。井上さんはたちまち牛が好きになった。

応用動物科学科の学生には半年に一度、牛や羊の飼育当番が回ってきた。一週間毎日早朝から畜舎に通い、餌を与え、掃除をした。フンの臭いにもすぐに慣れた。

農学部の技師で肉牛を担当する服部法文さん（六四）は「動物が好きという気持ちだけで入学した学生が、食べるために飼われている家畜のことを世話をしながら学び、変わっていく。畑や田も身近にあって、農業が少しずつ体に染みこんでいく。かけがえのない教育の場でした」と話した。

二〇一六年四月一六日未明に本震が起きた後、井上さんは、つぶれた建物に閉じこめられた複数の友人らを励まし続けた。仲村さんは避難した小学校跡地で、沖縄の両親に無事を知らせる電話をしながら涙を流した。

阿蘇キャンパスは壊滅的な被害を受け、「学生村」の三人が亡くなった。農学部の学生は熊本市のキャンパスに移った。

東海大農学部の学生たちは都会の喧騒《けんそう》から遠く離れた阿蘇外輪山の内側で、全身で農業を学び、同級生らと友情を深めていた。彼らは、つらかった地震の体験を乗り越え、前に進もうとしている。

井上奈緒子さんが本震に襲われたのは、「学生村」のアパートの部屋でそろそろ寝ようとしていた時だった。

テレビの画面と電灯が突然消え、同時にすさまじい揺れが来た。布団をかぶってそれに耐え、ベランダからはだしで外に逃げた。

隣のアパートの一階が半ばつぶれていた。それぞれの部屋から人の声がした。「ここにいるよお」、「助けてえ」、「苦しい」。同じように逃げ出した学生たちと励ますことしかできなかった。大きな揺れがもう一度起きれば、アパートの破壊がさらに進む。地震が来ないことだけを願い続けた。

やがて、四年生の脇志朋弥《しほみ》さん（当時二一歳）の姿が見えないという話が伝わった。脇さんが住むアパートの部屋からも声がしないという。

井上さんが入学して住んだ寮の食堂で、最初に声をかけてきたのが脇さんだった。それからよく一緒に食事をするようになった。親切で優しい先輩だった。

夜が明け始めた頃に救助隊が到着した。閉じこめられていた学生が次々に助け出された。脇さんが見つかったのはかなり遅かった。運ばれていく脇さんにはブルーシートがかけられていた。

井上さんはそれを見て、彼女が助からなかったことを知った。

仲村可奈子さんのアパートは、みしみしという音をたてて全体が揺れた。プロパンガスが激しく漏れる音が聞こえて怖くなり、開かなくなったドアに体当たりして外に出た。

割れた窓ガラスの破片を踏み、足の裏にけがをしていた。友人らとお互いを抱えるようにして小学校跡地まで避難した。跡地に逃げて来た学生はすぐに数百人に膨れあがった。

「アパートごとに集まってください」と誰かが声を上げた。車のライトを頼りに集合し、互いの

住民たちが避難した小学校跡地（2016 年 4 月 16 日）＝中司雅信撮影

無事を確認した。

夜はまだ寒かった。下着のままの男子学生もいた。けが人が寝かされていた。仲村可奈子さん（二二）は友人と体を寄せ合った。壊れた建物の壁から引っ張り出したらしい断熱材にくるまった。

阿蘇キャンパスには球場があり、野球部員は近くの寮に住んでいた。二年生だった田浦靖之さん（二一）は本震を、「箱に入れられ、激しく揺さぶられるようだった。部屋のどこにいるのかも分からなかった」と言った。部員は全員無事だった。

明るくなって、倒壊したアパートに学生がまだ閉じこめられているという話が伝わった。田浦さんは他の部員と救助隊を手伝ってがれきをはがしていった。隣で作業していた学生が「手が出てきた」と言った。その手は真っ白で、亡くなっていることがすぐに分かった。

警察から「下がって」と指示された。見つかったのは二年生の大野睦《りく》さん（当時二〇歳）だった。大野さんが運ばれて行くのを田浦さんは、野球部の女子マネジャーと見守った。マネジャーは大野さんの友人で、ずっと泣いていた。「なんでなんだろう」と口にした。

田浦さんも泣きそうになったが、我慢した。マネジャーになんと声をかけたらいいのか分からなかった。「その子の分までしっかり俺らが生きるしかない」とだけ言った。

阿蘇キャンパスの野球場は使えなくなり、野球部は今も、練習場の確保に苦労する。しかし、田浦さんは「やりたいことができるだけで幸せだ」と思うようになった。

■地震に負けない

東海大農学部は地震から約三か月後、熊本市のキャンパスで講義を再開した。南阿蘇村に住んでいた学生たちは多くが熊本市内に転居した。

三年生だった仲村可奈子さんは、教室の中の顔ぶれは変わらないのに、一歩外に出ると、阿蘇の自然ではなく、市街地が広がっていることになかなか慣れなかった。

講義の時間は、休んでいた分を取り戻すために地震前より長くなった。たくさんのリポートを懸命に書いた。所属していた馬術部の馬は県外に預けられた。馬に乗れないのが物足りなかった。同級生の井上奈緒子さんも、阿蘇の牛と会えないことが寂しかった。一方で、「熊本市内は便利で住みやすい」と前向きに受け止めた。アルバイトは阿蘇の時と同じように農作業を選び、熊本市内の農家でミカンやイチゴの収穫を手伝った。

仲村さんは、農学部の学生を中心とする団体「阿蘇復興への道」に入り、阿蘇キャンパスで起きた事実を伝え始めた。人前で話すのは得意でなく、「語り部」がやれるか悩んだが、地震の経験が背中を押した。「今まで普通にあったものが明日はなくなるかもしれない。できることはできる時にやろう」と思った。

活動を通じ、他の大学の学生らと交流が生まれた。「地震は悪いことばかりじゃなかったと思いたい」と話した。

二人と同じ研究室の中留京祐さんは、「地震でだいぶ性格が変わりました」と笑った。話すのが苦手で高校時代は友人が少なかった。阿蘇に来て、それまで疑問を持たなかった人とのつきあい方に悩むようになった。地震後に参加したボランティアや「語り部」の活動が、「どうにかしたかった自分をどうにかするきっかけになった」という。故郷の鹿児島に就職したが、「熊本の復興のためにできることを続けたい」と話した。

東海大阿蘇キャンパスの「学生村」に住んでいた下川仁美《ひとみ》さん（二二）は本震で、ベランダからはだしで外に逃げた。同じマンションの学生が運動靴を貸してくれた。パジャマ姿のまま小学校跡地に避難した。

恐怖と寒さで震えが止まらなかった。国道と学生村を結ぶ阿蘇大橋が落ちているという話が伝わった。明るくなって、橋の背後の山肌が大きくえぐられているのが見えた。

広げた毛布にけが人が寝かされていた。血を流している学生もいた。「救急車のサイレンを一度も聞いていない」とふと思った。サイレンが鳴り響くのを聞くのは怖いが、まったく聞こえないことの方がもっと恐ろしいと知った。

救急のヘリが到着し、重傷者を乗せて飛び立った。自分たちはまだここから脱出できない。取り残された気持ちになった。

大学の体育館に移動し、さらに一夜を過ごした。激しい雨が降り、雷が鳴った。余震のたび、窓ガラスの破片が落ちてきた。体育館は斜面に立っていて、土台が浮いていた。体育館全体が転げ落ちるかもしれないと思い、怖かった。死を覚悟し、両親への感謝をスマートフォンに残した。

四年生になり、就職活動を本格的に始めた。「学生村」の地震の体験から、災害時に医療が存在しない恐ろしさが身にしみていた。人を助ける行動が何もできなかったことに後悔があった。「いざという時に身近な人を守れるようになりたい」と病院職員の試験を受けた。

下川さんは今、熊本市の済生会熊本病院で働いている。この病院は「断らない救急」を掲げ、地域に貢献する病院を目指す。研修中に入院患者から「いい病院に入ったね」と言われた。「ふさわしい職員にならなければいけない」と気を引き締めた。

東海大は二〇一八年三月、熊本県南阿蘇村にあった農学部の講義棟や家畜舎などを同県益城町の大学用地に整備すると発表した。阿蘇には牧場などが残るが、授業の主体は熊本市のキャンパスと益城に移る。阿蘇キャンパスの直下に断層が走っており、全面的な再建は不可能と判断した。

山田清志学長は移転の記者会見で、大学による学生寮の建設を今後の課題に挙げた。南阿蘇村の住民と学生の交流は「すばらしかった」と評価した。だが、民間の寮やアパートの安全管理が大学としては十分にできなかった。「三人の学生が亡くなることにつながってしまった」と苦渋の表情を浮かべた。

亡くなった脇志朋弥さんの友人だった井上奈緒子さんは四月、アメリカのモーゼスレイクという町で農業研修生になった。英語とスペイン語を二か月間学んだ後、農場で約一年間働く。井上さんからメールが届いた。「勉強は楽しい。悔いが残らないようにやりきろうと思います」

鹿児島県曽於市役所に就職した中留京祐さんは希望していた畜産係に配属された。仲村可奈子さんは鹿児島市の牧場で働いている。先輩から、やるかどうかを尋ねられた仕事は必ず、「やります」と答える。地震の後、「今しかできないことは絶対にしよう」と決めたからだ。「昔の自分に比べたら一歩だけ進んでいるかなあ」と笑顔で話した。

東海大農学部の学生は、二年前の地震の記憶を胸にそれぞれの道を歩んでいる。目の前にある日常が明日も続くとは限らないから、今日という一日に真剣に向き合う。地震に負けず、前へ。若者の強さを彼らから感じた。

（二〇一八年四、五月）

Ⅱ

復興への道標

南海トラフ巨大地震が発生すれば、最大三〇メートル超の津波が押し寄せるとされています。震源は静岡県沖から九州沖で、死者・行方不明者の予想は最大三二万三〇〇〇人。住宅などの直接被害額は東日本大震災の約一〇倍の一六九・五兆円に達する見込みです。一〇〇年から一五〇年の間隔で発生していて、今後三〇年以内に七割から八割の確率で起きるそうです。

南海トラフ地震より規模が小さいマグニチュード六クラスの地震は「全国どこでも起こりうる」と専門家が指摘しています。過去の災害に学び、備えておかねばなりません。

教訓の生かし方にはさまざまな形があります。熊本県益城町で中華料理店を営むある夫妻は熊本地震の体験を基に炊き出しのレシピを本にしました。「地震直後」から「復興」まで五つの時期に分け、それぞれお薦めの料理を紹介しています。地震直後は冷蔵庫にある傷みやすい食材を優先して豚汁などに調理。カップラーメンや缶詰をおいしく食べる工夫も載っています。

記者になったばかりのころ先輩から、「取材の全部を書いてはいけない」と言われました。字にしたことの何倍もの取材をしていて初めて良い記事になるという意味でした。実際には、取材の不足に悩むことの方が多かったのですが、どんな記事にも、書き切れなかった事実や思いがあるのも確かです。

第二部は、連載の取材を通じて考えたことをまとめました。炊き出しのレシピのようには役に立たなくても何かの参考になればと願っています。

▼家畜を助ける

地震の被害に逢うのは人だけではありません。熊本県のまとめでは、熊本地震で死んだり、廃棄されたりした家畜はニワトリ三二万五一三六羽、牛二二〇頭、豚十頭、馬一頭。行政が把握できていない分もあり、実際にはもっと多いとみられています。

畜産の専門書などによると、人は約九〇〇〇年前から牛を飼っていたそうです。日本には弥生時代にやってきて田畑を耕したり、モノを運んだりするのに使われてきました。阿蘇でも、八世紀ごろまでには牛が飼われるようになったと推測されています。

阿蘇の広大な草原が維持できている理由のひとつは牛が草を食べ、フンが肥料となっているからです。草原がヤブに変わってしまわないよう人による春の野焼きも欠かせません。重労働であるうえ、火に巻かれて死者が出ることもある危険な作業です。

あか牛が広々とした草原でのんびりと草をはむ風景は人の気持ちをなごませます。たくさんの観光客が見にやって来ます。それは自然の風景であると同時に、人が自然に働きかけて初めて実現できている文化的な風景でもあります。

阿蘇で牛を育てている小坂今朝和さんや山口力男さんは自分たちがそうした文化の担い手であることに自覚的でした。その誇りが、地震で家を失い、牛舎を失いながらあきらめず、牛を飼い続ける力になっていると思いました。

牛に対する深い愛情も感じました。つぶれた牛舎の下から命の危険を顧みず牛を助けたのは愛情がなければできることではありません。

一方で、小さな疑問が頭の片隅に常にありました。小坂さんの仕事は牛に子を産ませ、ある程度まで育てて肥育農家に売ることです。手塩にかけた牛を売ることに葛藤を感じることはないのでしょうか。

センチメンタルな質問ですが、競りで売れた小牛を引き渡す直前の小坂さんに思い切って尋ねました。答えは本文（「牛と生きる」）に書いた通りです。牛は愛情を注ぐ対象であり、「経済的動物」でもあって、その二つは矛盾することはないのです。

二〇一八年七月、久しぶりに小坂さんを訪ねました。木造の立派な牛舎が建っていました。ビニールハウスで窮屈そうだった牛たちが、できたばかりの牛舎でのびのびと過ごしていました。

小坂さんは家より先に牛舎を建てました。ホテルを辞めて「牛養い」を継ぐことにした三男の拓也さんはベニヤ板の家にまだ住んでいました。自分たちのことより牛を優先したのだと思いました。

▼運が生死を左右することがある

取材相手の話は、メモだけでなく録音もすることにしています。大学の先生などの専門的な話を記事にするのはメモで十分なことが多いですが、取材した人の語り口を再現したい時に録音が役立ちます。連載「やおいかん」では、録音をいったんすべて文字に起こし、熊本の人たちのふだんの話し言葉をできるだけ原稿に生かすようにしました。

地震でたいへんな体験をした人の話は、私が下手に文章にするより、文字起こしをそのまま載せた方がその恐ろしさが伝わるかもしれないと思うことがありました。つぶれた家に閉じ込められた益城町の増永春代さんの体験もそのひとつです。少し読みづらいかもしれませんが、紹介します。

恐ろしかったですよ。たいがい、恐ろしかった。もうですね、こぎゃん、小《こ》おまあか机ばベッドん横に置いとったです。そしてね、なんかこっちから倒れて来たとすんなら、もう、ガラガラガラって来た時にですね、「向こうさん行こう」て思ってぱっと立ったんですよ。

ぐらぐらってした時にぱっと立って行こうとしたら、もう戸ば開くるひまもなくて、ガラガラァってタンスの落ちてきたんですよ。

そしてから、ここに潜ったんですよね。知らんまに机ん下に潜ったんですよ。だけん良かったんですよ。

そして、もう、そっから全然動かれんとですたい。こっちば下にして、ここにこぎゃんして寝とる。アタマだけが入った。そして、もう足も動かれん。左手、動かれん。右手だけ動いたんですよ。

タンスが来たつだろうと思うんです。メリメリっていう音がタンスの音だったろうと思うばってん。そして、上にやっぱり梁があったり、コンクリのごたっとが、かかってきとるけん、「ああこりゃ、あすこの壁がここに落ちてきとるばい」って。右手でこう触って、分かりよったですよ。右手だけ動いたんですよ。こぎゃあんして触ったら、「ああ、こら、あの机で、足ばいな」って。だけん、「こん机に潜っとるけん、こら助かったばいなあ」っち思ちから。

上からはですね、カラカラカラカラって。も、カラカラカラ。も、澄んだ音ですよ。カラカラ、カラカラカラって落ちて来っとですけん。

そして寝とるけん、下に近いじゃないですか。ゴオーーーーって聞こゆっとですよ。なんの音か分からんばってん、ゴオーーーーーっていう音が。

そしてから、そんゴオーっていう音のしたかと思うと、ぐるぐるぐるぐるって揺るっとですよ。そしてまたカラカラ。もう、おそろしか。

また、ゴオーーーって言うたら、もう、机がだんだん、だんだん沈んでいくとの分かりよったっですよ。だんだん。やっぱいほ、こんぐらい、これが低なる感じだったですね。

携帯がジャンジャン鳴っとですよ。届きはせんとですけん。どこにあるか分からんばってん、赤くなるじゃないですか。見えはせんとですよ。

救急車の音が聞こえたり、なんか、携帯に防災のアレが鳴ったりしたりして。「ああ、これはひどかこつの起こっとるばいなあ」って思うち、寝とった。

寝とったちうか、動かれんもんだけん。足ば引っ張ったっちゃ、引っ張れんし。どぎゃんもならんけんですけんね。右手だけですたい、動くとは。もう、きゃあきゃあ言うとった。時々主人が来てから「生きとるかあ」って（笑）

春代さんはとっさに机の下に潜って助かりました。命を左右する幸運や不運があることを改めて感じます。

ただ、地震に備えてできることはあります。家の耐震工事はその一つです。

熊本地震で直接亡くなった五〇人のうち約七割は家屋などの下敷きになったとみられています。益城町役場周辺では、古い耐震基準で一九八一年までに建てられた木造建築の約三割が倒壊したことが国の調査で分かりました。一方、八一年から二〇〇〇年までに建てられた木造建築は約一割しか倒れず、二〇〇〇年以降の建築物は二％しか倒壊しませんでした。

多くの場合、古い家ほど危ないと言えそうです。専門家は「活断層が自宅に近い場合は耐震対策をとってほしい」と呼びかけています。

▼仕事か家族か──救命、報道の現場で

熊本市民病院は熊本地震で大きな被害を受け、倒壊する恐れがありました。診療は中止され、三一〇人の入院患者は全員が転院または退院を余儀なくされました。

重い心臓病で、三度目の手術を受けるために四歳の女の子が入院中でした。本震当日に福岡市の病院に移りましたが、五日後に亡くなりました。約一年後、熊本市長は女の子の両親に、病院の耐震化工事が遅れ、「幼い命を守れなかった」ことを謝罪しました。

熊本県のまとめでは、県内にあった二五三〇の医療機関のうち半数以上の一三〇二施設が被災。済生会熊本病院も外壁が落ち、部屋の天井が破れ、書棚が倒れて資料が散乱しました。ただ、建物そのものは大丈夫でした。自家発電が動き、地下水をくみ上げることもできました。

病院は二〇一六年一二月、「熊本地震の記録─その時、何を思い、どう動いたか」という冊子を発行しました。医師とスタッフの証言が掲載されています。彼らも、彼らの家族も被災者でした。家族を守ることと、医療に携わる者としての責任を果たすことの間で悩んだことも率直に書かれています。

ある女性看護師は本震を自宅で体験しました。子供と一緒に病院に行き、子供を車に残したまま働きました。子供は不安を一切口にせず、働く母親を、「かっこいい」、「いつもありがとう」と

励ましました。看護師は子供に感謝し、家族の絆をあらためて感じたそうです。

冊子は、訓練の大切さも強調しています。災害拠点病院に指定されていて、すべての職種が参加する災害訓練を毎年実施していました。災害対策本部の発足からトリアージブースの設置、患者の受け入れ、家族の対応まで現実に即して訓練していました。「この経験が、今回の熊本地震の対応に大いに活かされた」と振り返っています。

非常時に、家族と仕事にどのように向き合うかは新聞記者にとっても他人事ではありません。熊本地震では、熊本の記者たちがこの問題に直面しました。

ある同僚は、熊本市のマンションで就寝中に本震に遭遇しました。余震が続くなか彼の妻は、七歳の長女を抱きしめ、震えていました。電子レンジやプリンターが床に転げ、緊急地震速報の警報が鳴り続けていました。

同僚は「非常事態だ。取材に行かなければ」と、マンションを飛び出します。しかし、考え直しました。「家族を守るのが先だ」。部屋に引き返し、最低限の荷物を持って、近くの小学校を家族と目指しました。

小学校の体育館は避難してきた人たちですでにいっぱいでしたが、家族の居場所をなんとか確保しました。同僚はそこから取材先の熊本県庁に行ったのです。「一番そばに居てほしい時に居てやれず申し訳ない」。家族の理解と協力に感謝したそうです。

▼全力を尽くしてなお後悔——消防士

熊本県防災消防航空隊が東日本大震災で救助した女性から熊本市消防局に匿名で届いたメールの全文を紹介します。


突然メールですみません。

私は宮城県石巻市に住む者です。三月一一日の震災の日も石巻にいました。

津波で家が流されてしまいました。そんな不安な中、予定日より一週間早く陣痛が来てしまいました。

移動手段も、通院していた病院もなく、避難した場所で出産するしかないと思っていました。

そのとき、避難所にヘリコプターが降りてきてくれました。これで病院に行けると思い安心しましたが、一人で行かなくてはならないという不安なまま、私はヘリコプターに乗り込みました。

事態が事態でしたし、初めての出産で、一人で行くという不安で涙が溢れました。

しかし、ヘリコプターに乗っていた隊員さん達に、たくさん励ましていただき、不安が無くなりました。

ヘリコプターから降りるときにお礼を言いたかったのですが、痛みに耐えるので精一杯でした。

名前まで見ることは出来なかったのですが、熊本消防と書いてあったのでここにメールをさせていただきました。

あのときは、本当にありがとうございました。皆さんのおかげで、元気な女の子を出産することができました。もう少しで五ケ月になります。元気に成長しています。

娘に皆さんに助けて頂いたことを、毎日のようにお話させていただいています。

熊本県から宮城県はとても遠いのに、助けに来ていただいて本当にありがとうございました。

これからも、かっこいいみんなのヒーローでいてください。


東日本大震災から五年後の二〇一六年、この女性から再び連絡がありました。今度は手紙で、実名でした。副隊長だった西村澄生さんら三人が震災のあった三月一一日に合わせて石巻市を訪ねたことを地元のテレビ局が報道し、女性はたまたまその放送を見たと書いてありました。


〈あの時（略）熊本消防の方が来ていなかったら……私と五歳になる娘はどうなっていたかな？と考えてしまいます〉

〈たくさんの命が失われてしまいましたが、みなさんが命がけで助けてくれた命もあります。私も娘もその一人です。助けていただいた、みなさんに恥じないよう、命を大事にして生きていこうと思います〉

東日本大震災や熊本地震に出動した消防士は一人でも多くの人を救おうとし、現に、たくさんの人を救いました。にもかかわらず、取材した消防士たちは「もっと多くの命を助けられたのでないか」という苦しみを胸に抱えていました。

その苦しさは、救助に来た消防士に被災者が向ける期待の切実さと直接つながっています。期待に応えようとする消防士の責任は重く、心の負担は大きい。たいへんな仕事だと改めて思います。

▼斜面は危ない――その前に逃げる

私が育った長崎市の住宅団地は山の斜面にあります。もともと平地がほとんどない長崎では斜面に広がる団地は珍しくありません。

団地の裏山には水道水をためる大きなタンクが立っていました。高さは一〇㍍ぐらいだったと思います。

父親が時々、「タンクが壊れたら水が家に来る」と口にすることがありました。子供だった私はそれを聞くたびに不安になりました。破損した発電所の貯水槽から大量の水が流れてきた南阿蘇村の集落を取材しているあいだ、父親の言葉が意識の底にずっとありました。

東日本大震災では、福島県須賀川市で農業用ダム「藤沼湖」が決壊し、約一五〇万㌧の水が下流の集落を襲いました。七人が亡くなり、一人が行方不明になりました。

ダムを管理していた土地改良区は、千年に一度という未曽有の規模の震災が原因であり、管理に落ち度はなかったと主張しました。一方、被害を受けた住民側は「人災」だと考えました。

黒川第一発電所の貯水槽の破損についても、九州電力の「不可抗力だった」という主張に住民が反発しました。ある男性は、九電との移転補償契約について、「承知はしたけど、納得はしてません」と言いました。「たとえば、水おけを持っている人の横に私が立ったとするでしょ。水おけを持っとった人が地震で揺れて、水をかけたとするじゃないですか。普通、瞬間的に『ああすいません』と言うと思う。即座に、謝罪の言葉が出ると思う。（それなのに九電の謝罪は）何か月もなかった」

福島県のダム決壊では、県が専門家による検証委員会を設置しました。委員会は決壊の原因を「激しい揺れが一〇〇秒以上続いたこと」や、「一九四九年にできたダムで現在の工法より盛り土の固め方が緩かったこと」などと結論しました。南阿蘇村の貯水槽の破損でも、九電の「技術検討会」とは別に、第三者が設けた委員会が調べていれば、住民の受け止めは違っていたと思います。

ため池の決壊は、二〇一八年七月の西日本豪雨でも相次ぎました。農林水産省が実施した緊急点検で、応急措置が必要なため池は三六府県の一五四〇か所にのぼりました。地震や台風や豪雨そのものの被害だけでなく、ため池などから大量の水が流出する恐れのある土地は少なくありません。

危険は意外と身近にあります。「危なくなってからではなく、危なくなる前に逃げる」と心がけた方がいいように思います。

▼体の記憶に助けられる

作家で音楽家の坂口恭平さんは生まれ育った熊本市を拠点に歌を作り、絵を描き、小説を書いています。二〇一二年に出版した「独立国家のつくりかた」（講談社現代新書）は、社会の決まりに縛られない生き方をどのように実行するかを考える本として広く読まれました。ユニークな思想家でもあります。

坂口さんが一八年五月に刊行した小説「家の中で迷子」に熊本地震の体験を反映した場面が出てきます。二〇〇〇年前からあるという道を車で走りながら主人公に祖父が語ります。「何度も地震があったが、この道だけは残っとる。どんなときでも一番安全な場所を走るんだよ」、「この道は一度も壊れたことがない」。

坂口さんと家族は地震の夜に実際、熊本市の西にある金峰山を越える古い道をタクシーで避難しました。あちこちの道路が不通になっていましたが、その道は被害が少ないだろうという予感がありました。小説にある通り、祖父の車で何度も走ったことがあったそうです。予感は当たり、渋滞に巻き込まれることなく福岡にたどり着けました。

「家の中で迷子」は、物語が順を追って進んでいく普通の小説ではありません。不思議の国のアリスが穴に落ち、ありえない出来事に次々に見舞われるように、自分の部屋で迷子になってしまった主人公が異次元の世界で奇怪な体験をします。

坂口さんは小説を書く時、思い浮かぶ言葉をすべてパソコンに打ち込んでいくそうです。言葉がどこからやって来るのかは自分でもよく分かりません。これで終わりと思えるところまでたどり着いたら、文章を削って、小説の形に整えていきます。

坂口さんは、「（地震は）論理的な記憶ではなく、体の記憶としてすごく残っている」と話していました。「家の中で迷子」に書かれた古い道も、心の深いところから地震の体験が意識に浮かび上がり、言葉になったのでしょう。

私が熊本市に引っ越したのは熊本地震から約半年後。引っ越してすぐ、市中心部のスーパーにいる時に震度五弱の地震が起きました。あちこちの棚から商品が落ち、女性が小さな悲鳴を上げました。

揺れがいつまで続き、どこまで大きくなるのかは揺られている最中は分かりません。いつまでも続き、どんどん大きくなるかもしれない。その分からなさが地震の恐怖を倍加するということを初めて知りました。私も「体の記憶」としてその時の揺れを覚えています。

▼仮設団地という共同体

連載に登場してもらった木山仮設団地の植村鎮男さんは二〇一七年の年の暮れ、就寝中に激しい頭痛に襲われました。言葉が出ず、うなりながら床を転がることしかできなかったそうです。朝になって異常に気づいた近所の人が救急車を呼び、一命を取り留めました。脳出血でした。

前年の夏、避難生活を経て仮設に入り、自治会長に選ばれました。会長には、さまざまな相談や苦情が集まりました。隣家の騒音、野良猫の餌付け、ゴミの捨て方、子どものいたずらなど、どれもすぐには答えの出せない問題ばかり。知らず知らずのうちにストレスがたまっていたといいます。

見舞いに来た仮設の隣人たちは誰もが、「無理をさせた」と口にしました。植村さんはそのたびに、「そがんこつはなか」と答えたそうです。

仮設団地の住民の多くが健康に不安を感じています。熊本県が設置した「熊本こころのケアセンター」が二〇一七年に実施した調査では、四人に一人が体調について「あまりよくない」、「悪い」と回答しました。一〇人に一人は、支援が必要なほどの強い心理的な苦痛を感じていました。

経済的に余裕のある世帯ほど自宅を早く再建し、仮設団地を出ていきます。東日本大震災では、入居者が減った団地で住民同士のつながりの維持が課題になりました。

熊本地震で自宅から避難した人の数は数十万人にのぼります。一個のお握りを二人で食べ、一杯の洗面器の水を分け合って髪を洗いました。避難所の汚れたトイレを自主的に清掃する人たちがいました。

危機的な状況で助け合った記憶が人々を優しくし、復興に向けた努力を支えています。困難を克服し、自分たちが暮らす地域をみんなで、地震の前より良いものにしようという意志がゆるやかに共有されていると熊本に住んでいて感じていました。

▼公務員も被災者

地震の翌年、益城町の四〇歳代の男性職員が脳内出血で亡くなりました。役場で倒れ、病院に運ばれて手術を受けましたが、助かりませんでした。職員は熊本地震で避難所に連日泊まり込んで被災者に対応し、その後も、町の復興計画の策定に携わるなど熱心な仕事ぶりが評価されていました。

益城町役場は地震後、仕事の量が大幅に増えました。亡くなった職員の倒れる直前の勤務は、休みが取れなかったり、残業が多かったりといった状況ではありませんでしたが、町は、健康管理の徹底をあらためて全職員に呼びかけました。

地震発生から約一か月後に熊本市が行った職員を対象にしたアンケートでは、回答した約四〇〇〇人の半数が寝付けないなどの不眠を経験し、余震に不安を感じていました（二〇一六年七月五日付読売新聞）。回答者の一割超は、うつ状態や心的外傷後ストレス障害（ＰＴＳＤ）などに陥る恐れが強いと判定されました。五〇歳代の職員に目立ち、職責の重さや深夜勤務などが心身の負担になっていたようです。

熊本地震から数週間後に避難所となった益城町の小学校の体育館を訪ねたことがあります。私が会った町の職員は疲れ切っていました。はつらつと活動しているボランティアの人たちとの落差の大きさに強い印象を受けました。二〇一七年に連載で取材した益城町の区画整理の説明会は、住民が参加しやすいように平日の夜や週末に開かれていました。そのことだけでも担当する職員の負担は大きかったはずです。

長く続く復興の過程で自治体の職員は住民にずっと頼りにされます。同時に、うまくいかないことがあれば厳しく責任を問われます。まじめなほど悩みは深くなるでしょう。益城町では、西村博則町長をはじめとして職員の多くが被災者でもありました。心の健康を保つため、全職員が年一回以上、産業医らの面談を受けていました。

▼聴覚障害者たち

東京都が作った聴覚障害者向けの災害マニュアルに耳の聞こえない人たちが災害時に直面する困難が書いてあります。「避難方法や避難場所が分からない」、「被害の情報が入りづらい」、「家具などの下敷きになった時に発声が困難なため助けを呼べない」、「周囲とコミュニケーションがとれず、孤立する」、「暗い場所では視覚からの情報が入らず、不安になる」――

東日本大震災では、聴覚障害者が避難所で食事ができなかったり、風呂に入れなかったりしました。事情は、熊本地震も同じでした。

都のマニュアルは、緊急地震速報の受信に気づけるように携帯電話を常に持っておくことを聴覚障害者に勧めています。職場や学校などの避難訓練に積極的に参加し、周りの人たちと災害時の対応を事前に決めておくことも大事です。一方で避難所の責任者には、音声による情報提供には必ず文字など目に見える情報も加えるように求めています。

聴覚障害者が緊急時に意思を伝えるのに役立つ道具もあります。「耳が聞こえません」と書かれたバンダナもそのひとつ。自治体などが作っています。災害だけでなく、「乗っていたバスが急に止まって、その理由が分からない」といった状況に置かれた場合に頭にかぶったり、腕に巻いたりして助けを求めます。耳をデザインしたマークが入った腕章もあります。「耳が不自由です」といった言葉が添えられています。

こうした道具は、それに気づいて筆談に応じてくれる人が現れなければ意味がありません。耳マークの腕章やバンダナをした聴覚障害者に出会う機会はほとんどの人にとって一生訪れないことかもしれません。ただ、本当にそんな場に居合わせたらどうするかを考えておくのは無駄ではないという気がします。

筆談や、手話の通訳でうまく取材できるかどうか最初は不安でした。やってみると、時間はかかりましたが、密度の濃いやりとりができたという手応えがありました。「はじめまして」と「ありがとう」の二つだけ手話を覚えました。実際にやってみて、それが相手に伝わった時は、照れくささを上回る喜びがありました。

熊本地震2016の概要

▼**前震**　二〇一六年四月一四日（木）午後九時二六分発生。震源地は熊本県熊本地方。マグニチュード六・五。震度七　益城町。震度六弱　熊本市、玉名市、宇城市、西原村、嘉島町。

▼**本震**　二〇一六年四月一六日（土）午前一時二五分発生。震源地は熊本県熊本地方。マグニチュード七・三。震度七　益城町、西原村。震度六強　熊本市、菊池市、宇土市、宇城市、合志市、大津町、南阿蘇村、嘉島町。震度六弱　八代市、玉名市、天草市、上天草市、阿蘇市、美里町、和水町、菊陽町、御船町、山都町、氷川町、大分県別府市、由布市。

▼**余震**　最大震度五弱以上の地震が二〇一七年一一月末までに二三回発生。最大震度一以上の地震は四四〇〇回を上回った。

▼**人的被害など**　犠牲者は直接死が五〇人、関連死が大分県を含め二一八人。一六年六月の豪雨による「二次災害死」五人を合わせ二七三人にのぼる。重傷者一一八四人、軽傷者一五五〇人。市町村が開設した避難所に最大で一八万三八八二人が避難した。

▼**住家被害など**　全壊八六四三棟、半壊三万四三九二棟、一部損壊一五万五〇〇五棟。停電約四五万戸。ガス供給停止約一〇万戸。断水約四三万戸。

（二〇一八年一〇月二二日に熊本県発表の資料などから。被害のデータは関連死を除き、いずれも熊本県内）

あとがき

地震から約半年後、熊本に転勤して毎日のように人に会いました。被災の体験を教えてもらいながら、肝心な時に熊本にいなかったことが申し訳ないような気がしました。

熊本の勤務は四度目です。最初は新人記者として。二度目が三九歳。三度目は支局長でした。同じ街で四回も働いた新聞記者はあまりいないはずです。社会人として鍛えられ、結婚し、子供を育てました。その熊本が大変だった時に現場にいなかった。震度七の揺れを知りもしないのに記事を書こうとしている。理屈のうえでは変でも、そういう気持ちはなくさないようにしようと思っていました。

熊本地震という出来事の大きさに頼って書いてはダメだとも考えました。面白く読んでもらう工夫が必要です。ただ、面白く読んでもらえそうな取材対象はなかなか見つかりませんでした。

益城町の資料に「お法使祭《ほしまつり》」が紹介されていました。祭りをつかさどる津森神宮を「アポなし」で訪ねると、甲斐喜三男宮司が偶然、境内におられました。地震の年にあえて祭りをする意味を熱く語る甲斐さんの言葉を必死でメモしながら、テーマが見つかったという手応えを感じました。

熊本地震の前震からちょうど一年となる二〇一七年四月一四日の紙面に次のようなコラムを書きました。

＊

熊本市中央区の堀地《ほりち》久美子さん（五八）は昨年四月一六日未明、壁に多数のひびが入ったマンションから近くの公園に避難した。入りきれないほどの人がいた。真っ暗で、ひどく寒く、揺れが続いていた。年配の男性が「一〇〇〇人ぐらい死人が出るばいなあ」とつぶやいた。中学生ぐらいの女の子がそれを聞いて涙ぐんだ。

半年後、俳句を作った。

〈流星や活断層の上に寝て〉

大地震は、日本のどこであっても起こりうる。人々は、地下を縦横に走る活断層の上でつつましく暮らしている。そんな思いを地震の体験に重ねた。

熊本県は震災前、「大規模地震と無縁の土地柄」と企業を誘致していた。その土地で、震度七の地震が二度起きた。相次いだ激震は専門家にも想定外だった。膨大な数の人々がそれぞれ、地震の恐ろしさを記憶に刻んだ。

地震後、熊本に赴任し、亡くなった人が最も多かった益城町に通った。今の町は、中心部を走る県道にかぶさるように傾いていた建物が消えている。公費解体対象の七割の家がすでに撤去されたという。新興住宅地の造成地に似た風景に変わってしまった地区もある。点在する家に残った人たちは寂しさを口にし、地域の将来に不安を感じている。

一方、熊本県が一六市町村に建設した仮設住宅は、過去の震災の経験を生かし、暮らしのゆとりに配慮した。約一万一〇〇〇人の仮設の生活はおおむね順調な滑り出しのようにみえる。ただ、自宅を再建できた人は仮設を出ていく。空き部屋が増えれば、ようやく始まった共同体の維持が難しくなる。ボランティアの支援も減ってゆく。さまざまな課題がこれからも顕在化するだろう。

益城町の交流情報センターは貼り紙で住民に呼びかけている。

「がまださない時間をじぶんで、つくる　それが、がまだすためのポイントです」

「がまだす」は「頑張る」という意味の熊本弁。被災した人たちは時には、肩の力を抜いて元気を取り戻しながら奮闘している。次の地震がどこで起きるかは誰にも分からず、熊本の今は、私たちの明日かもしれない。「頑張る」熊本を支え続けなければならない。

＊

みなし仮設を含めると熊本では今も、約二万人が仮設の暮らしを続けています。阿蘇大橋は復旧せず、ＪＲ豊肥線は不通区間が残り、熊本城の再建もまだだいぶ先です。熊本の人間ではない私にも、前を通るたびに心が痛む場所がいくつかできました。独り暮らしを始めた長女を一度だけ連れて行った寿司屋も更地になりました。

熊本駐在の編集委員だった一年八か月、連載を書くことだけが仕事でした。被災した人の話を聞いた後、これを記事にするまでは死ねないと思ったことが何度かありました。テーマ選びから執筆まで自由にやらせてもらい、恵まれていたと思います。

入社したての記者はたいてい警察を担当します。他社の先輩は、特ダネを抜いて新人を痛い目に遭わせる一方で、仕事をするうえで何が大切なのかを教えてくれる存在でもあります。私が入社した時に熊本日日新聞の熊本県警キャップだった高峰武さんがそういう記者でした。連載が本になるきっかけは、弦書房の小野静男さんを高峰さんが紹介してくれたことです。高峰さんと、優れた編集者である小野さんに心から感謝します。

私が勤務する読売新聞西部本社にもお礼を言いたい人たちがたくさんいますが、つたない原稿に根気よくつきあってくれた岩﨑誠司編集局総務のお名前だけを挙げます。ありがとうございました。

二〇一九年二月

岩永芳人

＊肩書き、年齢は取材当時のままにしました。

【著者紹介】

岩永芳人（いわなが・よしと）

一九六二年、長崎市生まれ。九州大学文学部卒。
一九八七年、読売新聞熊本支局記者。福岡総局、山口総局を経て、二〇〇二年から二度目の熊本支局勤務。西部本社社会部、文化部などに所属後、二〇一二年から熊本支局長。同社役員室などを経て二〇一六年九月から熊本駐在編集委員（二〇一八年四月まで）。現在、読売新聞西部本社編集局次長。

やおいかん熊本地震
——復興への道標

二〇一九年三月三〇日 発行

著 者 岩永《いわなが》芳人《よしと》
発行者 小野静男
発行所 株式会社 弦書房
（〒810・0041）
福岡市中央区大名二―二―四三
ELK大名ビル三〇一
電 話 〇九二・七二六・九八八五
FAX 〇九二・七二六・九八八六

印刷・製本 シナノ書籍印刷株式会社

ISBN978-4-86329-186-7 C0036

◆弦書房の本

熊本地震2016の記憶

岩岡中正・高峰武［編］　二度の震度7と四〇〇〇回超の余震。衝撃と被害を整理し、その体験と想いを収録。渡辺京二氏ほか古書店主、新聞記者、俳人、漁師、歴史家各々が〈その時〉を刻む。復興への希望は記録と記憶の中にある。〈A5判・168頁〉　**1800円**

熊本城のかたち　石垣から天守閣まで

熊本日日新聞社編集局編　築城400年を迎えた熊本城をくまなく歩いてその全貌に迫った写真記録集。石垣、門、櫓、天守閣と新築なった本丸御殿など日本三大名城にふさわしい魅力の数々を伝える。〈菊判・160頁〉**【3刷】**　**2000円**

8のテーマで読む水俣病

高峰武　これから知りたい人のための入門書。水俣病の全体像をつかむための手がかりとして〈8のテーマ〉を設定、ポイントになる用語はわかりやすく解説。近代史を理解するうえで避けては通れない水俣病問題を理解するための一冊。〈A5判・236頁〉　**2000円**

〈水俣病〉事件の61年　未解明の現実を見すえて

富樫貞夫　水俣病が公式に確認されてから二〇一七年で61年がたつ。しかし、水俣病はその大半が未解明のままなのである。近代の進歩と引きかえに生じたこの事件から何を学ぶべきか。未解明の問題点をまとめた次代への講義録。〈A5判・240頁〉　**2200円**

死民と日常　私の水俣病闘争

渡辺京二　昭和44年、いかなる支援も受けられず孤立した患者家族らと立ち上がり、〈闘争〉を支援することに徹した著者による初の闘争論集。患者たちはチッソに対して何を求めたのか。市民運動とは一線を画した〈闘争〉の本質を改めて語る。〈四六判・288頁〉　**2300円**

もうひとつのこの世
石牟礼道子の宇宙

渡辺京二 〈石牟礼文学〉の特異な独創性が渡辺京二によって発見されて半世紀。互いに触発される日々の中から生まれた〈石牟礼道子論〉を集成。石牟礼文学の豊かさときわだつ特異性を著者独自の視点から明快に解きあかす。〈四六判・232頁〉【2刷】 2200円

預言の哀しみ
石牟礼道子の宇宙 Ⅱ

渡辺京二 石牟礼道子が預かったコトバとは何か——石牟礼作品の中で「春の城」「椿の海の記」「十六夜橋」の世界を解読。また、新作能「沖宮」の謎を読み解き、石牟礼の臨終までの闘病記も収録した渾身の一冊。〈四六判・188頁〉 1900円

魂の道行き
石牟礼道子から始まる新しい近代

岩岡中正 近代化が進んでいく中で、壊されてきた共同性（人と人の絆、人と自然の調和、心と体の交流）をどうすれば取りもどせるか。思想家としての石牟礼道子のことばを糸口に、もうひとつのあるべき新しい近代への道を模索する。〈B6判・152頁〉 1700円

ここすぎて 水の径

石牟礼道子 著者が66歳（一九九三年）から74歳（二〇〇一年）の円熟期に書かれた長期連載エッセイをまとめた一冊。後に『苦海浄土』『天湖』『アニマの鳥』など数々の名作を生んだ著者の思想と行動の源流へと誘う珠玉のエッセイ47篇。〈四六判・320頁〉 2400円

【第21回地方出版文化功労賞】
壁のない風景 ハンセン病を生きる

井上佳子 「らい予防法」廃止によってハンセン病療養所・菊池恵楓園（熊本県）と社会を隔てていた厚い壁は壊されたが、入所者宿泊拒否事件をきっかけに園には差別と偏見の嵐が押し寄せる。10年の密着取材による渾身のドキュメント。〈四六判・232頁〉 1800円

＊表示価格は税別